青山学院第二高等部を継ぐキリスト教教育

横須賀学院中学高等学校

〒238-8511 横須賀市稲岡町82番地
http://www.yokosukagakuin.ac.jp/

入試直前 必勝ガイド

CONTENTS

ウッカリをなくそう！

試験当日の持ちものチェック!!

試験当日はなにかとあわただしいもの。ウッカリして忘れものをしないように前日までに必要なものをきちんとそろえておきましょう。ここでは、試験当日に必要な、代表的な持ちものを紹介しています。ただし、学校によっては試験会場に筆記用具以外の持ちこみをしてはいけない場合もあるので、よく確認してください。持ちものをきちんとチェックして、余裕をもって試験にのぞんでくださいね。

受験票

何校か受験する場合は他校の受験票とまちがえないように気をつけてください。受験票や学校資料はクリアケースなどに入れて分別しておくと便利です。受験票は忘れてはならないものですが、万が一、紛失したり忘れてしまっても試験は受けられます。受付で事情を説明して落ちついて行動してください。

消しゴム

消しゴムは予備も含めて２～３個用意します。ゴムが硬すぎると文字を消すときに試験用紙が破れることがあるので、良質のものを選んでください。カスがまとまりやすいものにも注目！

メモ用紙

電車の時刻など、その日のスケジュールを記入しておく際に使います。また、控え室では１科目ごとに問題と解答が掲示されることが多いので、書き取っておくとよいでしょう。

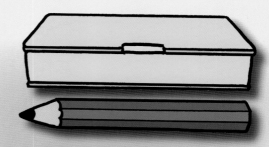

筆記用具

鉛筆はＨＢを６～８本持っていきます。鉛筆削りもあるとよいでしょう。シャープペンシルは２～３本。替え芯を確認しておきます。輪ゴムでひとまとめにしておくと机の上で転がりません。

上ばき

　いつも学校ではいている上ばきで大丈夫です。きれいに洗って清潔なものを用意してください。スリッパは避けた方がよいでしょう。

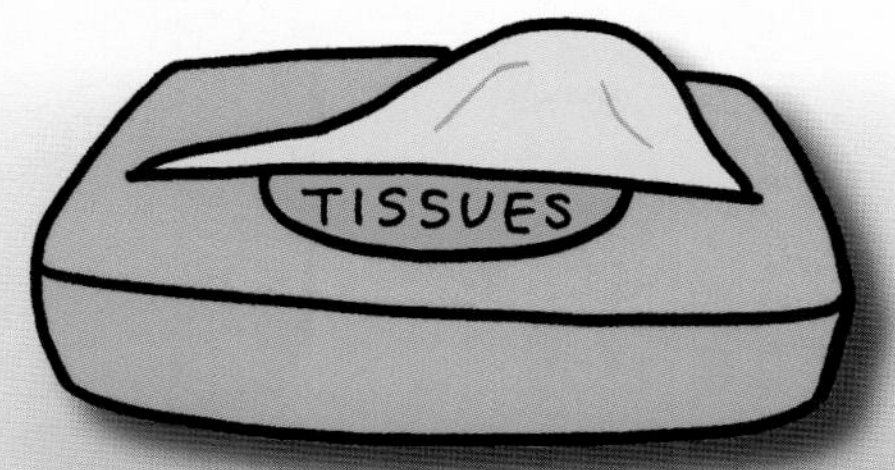

ティッシュペーパー

　ティッシュペーパーは鼻紙として使う以外にも、机がガタつくときに机の下にはさんだり、消しゴムのカスなどのゴミを捨てるときにも便利です。

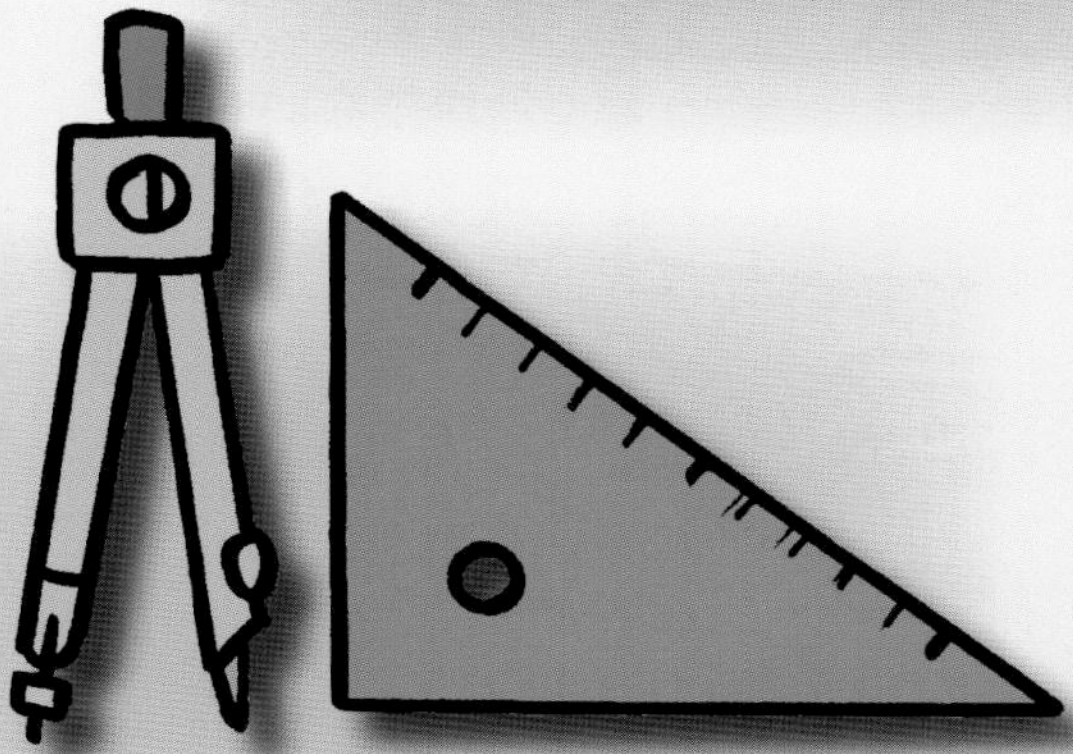

三角定規・コンパス

　三角定規やコンパスといった文房具は、学校から持ちものとして指定されることがあります。逆に、持ちこみを禁止する場合もありますので、各学校の持ちものを確認してください。

腕時計

　腕時計は計算機能のついていないものを持っていきます。電池を確認して、アラーム機能のあるものは鳴らないようにしてください。学校によっては持ちこんではいけないところもあります。

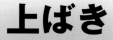

ハンカチ・タオル

ふだん使っているものを用意します。トイレでのお手ふきのほかにも、雨や雪でぬれた衣類や持ちものをふくのにも使います。新品であれば、一度洗っておくと水分の吸収がよくなります。

大きめのカバン

マフラーなどの小物がすっぽりと入るようなカバンを用意しましょう。また、ファスナーがついて口が開かないタイプを選べば、中身が飛びでてしまったり、雨や雪で中身がぬれる心配がありません。

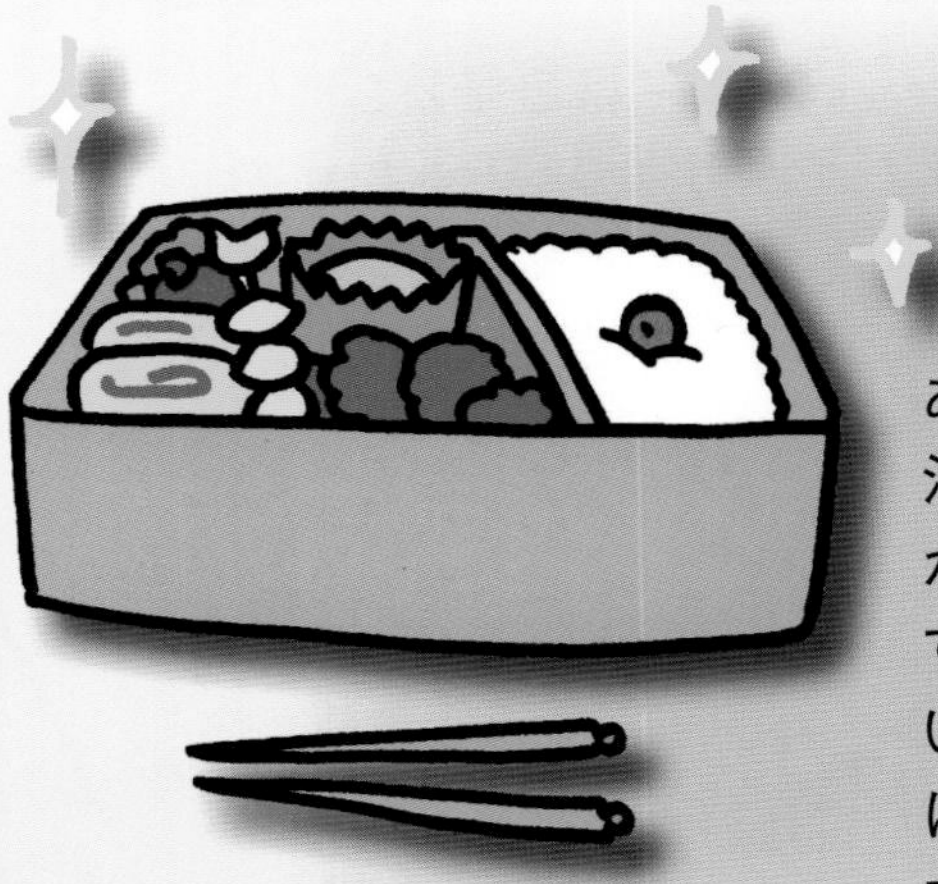

お弁当

午後にも試験や面接がある場合に用意します。汁がでないもので、消化がよいおかずを選びます。緊張して食が進まないときは、ひと口サイズにしておくと食べやすいです。

カイロ

寒い日には手軽に温まることができる携帯用カイロを持っていきます。貼るタイプのものから、足の裏用まで種類も豊富です。熱すぎるときはカイロケースに入れるとよいでしょう。

飲みもの

温かい飲みものは、身体を温めて緊張をほぐす効果があります。のどが痛いときには、レモン湯にハチミツを入れたものが効果的です。カバンに入れやすい小型のマグボトルも便利です。

ブラシ・手鏡

面接がある場合は、身だしなみを整えるために使います。洋服のホコリをとる小型のエチケットブラシもあると便利です。

雨具

試験当日は雨や雪が降ることも考えられます。防水性の靴や長靴を用意しておきましょう。また、ぬれたものを入れておくための少し大きめのビニール袋もあると便利です。

携帯電話

おもに保護者用です。緊急連絡などに使用します。試験会場には持ちこみません。マナーモードにしてまわりの迷惑にならないようにしてください。

交通機関のプリペイドカード

切符売り場が混雑しているときでも、スムーズに改札がとおれます。事前にカードの残高を確認して、チャージ（入金）しておいてください。

替えソックス

雨や雪で靴下がぬれてしまったときにはき替えます。靴下がぬれたままでは試験に集中できませんし、風邪をひくこともあります。

お金

交通費などに使います。高額紙幣が使える自動券売機は少ないので、小銭を多く持っていくとよいでしょう。また、指定された文房具などを忘れてしまったときは、コンビニエンスストアで購入できます。

このほかにあると便利なもの

■**学校案内や願書の写し**
面接の際に持っていくと参考になります。

■**参考書**
緊張して落ちつかないときに開いてみましょう。

■**のど飴やトローチ**
のどの痛みがつらいときや、緊張で口のなかがかわいたときに。

■**マスク**
風邪をひいているときだけでなく、予防のためにも効果的です。

■**お守り**
これまで勉強してきた成果が発揮できますように。

《入試当日のチェックリスト》は、75ページを参照してください。

II類 最難関国公立大　**I類 難関国公立私大**

< すべての説明会に予約が必要です >

入試説明会　10：00〜12：00

11月17日（日）　過去問チャレンジ同時開催 ※要予約
1月12日（日）

土曜ミニ説明会　10：00〜11：30

11月30日・12月 7日
1月18日・ 1月25日
全日程授業見学ができます

イブニング説明会　18：30〜20：00

12月20日（金）

※上履きは不要です。　※お車でのご来場はご遠慮ください。
※予約は、開催の1〜2ヶ月前に学校ホームページでご案内いたしますので、ご覧の上お申し込みください。

2月1日 午後入試 (4科)
男子120名募集

2/1・2・4・6全4回インターネット当日発表

個別での校内のご案内も
随時受け付けております。
（※要電話予約）

入試日程

一般入試日程

2月1日［午後］（土）・2日［午前］（日）・4日［午前］（火）・6日［午前］（木）

帰国生入試日程

1月6日（月）

★ **募集要項配布中**（無料）
郵送でも受け付けておりますので、お気軽にお申し付けください。

★ **何回受験しても25,000円！**
1回分の受験料で5回（帰国生入試含む）まで受験可能。出願時に申し込まなかった回の受験もできます。

★ **手続締切2/8・12時**
帰国生入試（1/6）含む全合格者に適用

★ **手続時費用50,000円！**
残りの費用は４月に納入していただきます。

東京都市大学
付属中学校・高等学校

アクセス

小田急線 成城学園前駅より徒歩10分
東急田園都市線 二子玉川駅よりバス20分

〒157-8560 東京都世田谷区成城1-13-1
TEL 03-3415-0104　FAX 03-3749-0265
お問い合わせはこちら e-mail:info@tcu-jsh.ed.jp

教育は愛と情熱!!

寮生活
授　業　体験学習
三位一体
となった
6年間の一貫教育

東京入試

慶応大三田キャンパス1本化！

1月13日（月・祝）

●東京会場　慶應義塾大学三田キャンパス
●東海会場　多治見市文化会館
●長野会場　JA長野県ビル12階
●松本会場　松本東急イン

本校入試

1月25日（土）

●会場・佐久長聖中学校

《 平成 26 年度入試改革 》

平成26年度に中高一貫課程20周年を迎えるにあたり、以下の改革に取り組みます。

東京入試において特待生入試の実施
入学手続時納入金の３回分割制度
東京入試会場（慶應大三田キャンパス）の一本化
東京入試の得点開示とグラフによる位置の表示（合格者全員と合格ライン以下100番まで）
『東大二桁』を実現する新プロジェクト立上げ（東大医進コース）

■ 学校説明会

第6回 **12月　8日**（日）10:00~12:00
【佐久市】佐久長聖中学校

■ 体験入学

第2回 **11月17日**（日）
9:00~13:40
・授業体験（英語・数学）、模擬作文
・授業体験後に「家族そろって給食体験」

■ 全国寮生学校合同説明会

11月15日（金）13:00~18:00
【横浜】JR横浜駅東口
崎陽軒本店会議室
11月16日（土）13:00~17:00
【有楽町】東京国際フォーラム

佐久長聖中学校 高等学校

http://www.chosei-sj.ac.jp/　　E-mail　sakuchjh@chosei-sj.ac.jp

〒385-0022 長野県佐久市岩村田3638
TEL　0267−68−6688（入試広報室 0267−68−6755）
FAX　0267−68−6140

上信越自動車道佐久インターから車で１分
JR長野新幹線・小海線佐久平駅から車で５分
（長野新幹線で東京から70分）

EDUCATIONAL COLUMN

森上教育研究所所長 森上展安

模試の受験生動向から見た 2014年度 首都圏中学入試

□森上　展安　Nobuyasu　Morigami

「受験」をキーワードに幅広く教育問題をあつかう。とくに中学受験について永年のデータ蓄積があり、そこから導きだす分析をベースにした鋭い指摘に定評がある。近著に『偏差値だけではわからない 塾も学校も教えてくれない 入って得する人気校の選び方—中学受験白書2011 首都圏+全国480校』（ダイヤモンド社）などがある。

来春も減少傾向はつづく公算 押さえておきたい人気動向

この原稿を書いている時点、すなわち9月模試の段階で２０１４年入試を占えば、四大模試合計で前年比4％減となり、この数年の受験者減少傾向が来年も下げ止まらない公算が強くなっています。

これが２０１３年入試と仮に同じであっても全体の傾向すなわち上位校の人気、中下位の不人気の構図は変わりません。

ただし、その人気の上位校のなかでもここ数年の変動が激しいのは、全体のパイが増えないなか、人気校が変化することで、それが大きな入試状況の変化を引き起こしかねないからです。その意味で受験生にとっても、大きな影響を合否に与える人気傾向は押さえておきたい重要事です。

2月1日の全体動向

受験生の減少傾向は、これまで中下位校の緩和をもたらしてきた一方で、上位校、中堅校の2月1日入試に増加の基調を与えていました。

まず、男子上位校では今春、2倍そこそこの倍率に緩和した麻布と武蔵が大きく復調し2倍台なかばに戻しそうです。同じく早大高等学院も、やはり同様の復調をしめす動きになっています。

この影響で難関進学校では駒場東邦が2倍台後半の高倍率が2倍台なかばくらいになるでしょうし、早稲田大系属校の早稲田は緩和し3倍強から2倍台後半となり少し受けやすくなりそうです。なお、慶應普通部は微減傾向からやっと復調しそうです。

また、本郷参入で巣鴨、城北、世田谷学園、攻玉社への影響が注目されます。攻玉社を除いて3倍強の倍率が3倍前後になる可能性がありますが、注目は攻玉社の緩和がどこまで進むかです。というのも２０１３年入試で２・１倍まできていますから、下げ止まるか否か。一方、桐朋も２０１３年入試で１・９倍。こちらも緩和傾向がでています。そのほかサレジオ学院なども含めて多くの中堅上位校は2倍台なかばに向かって緩和傾向を強めるでしょう。

一方、2月1日の女子上位校・中堅校の人気傾向ですが、とくに女子はこのところ1日入試への参入が相次ぎ変動が大きくなっていました。

まず御三家では桜蔭、女子学院そして鴎友学園女子の低倍率からの復調、雙葉の3倍台から2倍台への緩和という流れがでています。もっとも前年比で増加基調は今春２・０倍の桜蔭に加え、１・７倍だった鴎友学園女子が顕著で、それ以外の、たとえば神奈川女子御三家をはじめ大学附属名門の学習院女子、日本女子大附属も、あるいは頌栄女子学院など、ことごとく女子受験生全体の減少を受けて緩和傾向がはっきりしています。したがって、桜蔭、鴎友学園女子以外では吉祥女子が増加をしめしている程度です。

つぎに共学校についてみると、法政が復調をしめしているほか、広尾学園にさらなる増加基調が見られる程度で、多くの共学校が女子受験生の減少を受けて緩和傾向となっています。

さて、2月1日午後には多くの入試校があり、1日午前入試の半分の受験生を集めています。注目は男子の東京都市大付属の低倍率で、来年入試でも学校側が1月の埼玉の栄東、開智などのような低倍率政策でのぞむならば人気が継続しそうです。

2月2日の全体動向

2月2日入試では、まず男子では、本郷の減員を受けて、巣鴨、世田谷学園、城北、攻玉社がどうなるかです。城北は２０１３年入試で1・3倍のため復調するだけに終わるかもしれません。

当の本郷はむしろ受験生が増加しており相当厳しい入試状況になると考えられます。じつは男子の2月2日上位校は大きく増加基調にあり、大学系列の学習院、立教池袋をはじめ東京都市大付属、桐蔭学園中等教育など、大学進学実績が大きく上昇した学校（系列校は他大学難関大への進学実績）の人気が高くなっています。

また前記の学校のなかでいえば学習院は実倍率1・7倍で、大学進学実績の大幅上昇を受けて復調傾向が鮮明です。

女子校の2日入試では、1日入試と打って変わって増加校が多く見られます。要因のひとつは青山学院の3日入試への移動です（2日が日曜日のため、例年は2日に行っていた入試を3日に移動）。

もうひとつは2日午前入試が、とくに女子校ではここ数年低倍率であったことが注目されているからでしょうし、またその反対に2月1日入試の緩和で、2日校にチャレンジ受験として挑戦することに意義がでている状況もあります。

具体的には共立女子、富士見、山脇学園、鎌倉女学院、鷗友学園女子、明大明治、大妻多摩などが大きく増加傾向にあります。3日から2日に入試日を移動した品川女子学院は、減少傾向をしめしており、やや受けやすくなるかもしれません。

共学で言えば國學院大久我山も、男子でなく女子では2日が増加基調になっています。また、大学実績好調の宝仙学園理数インターと桐光学園、湘南学園、共学化する安田学園、そして順天などが増加傾向です。

2月3日の全体動向

さて2月3日は、国立大附属と公立中高一貫校入試があり、とりわけ公立中高一貫校人気は衰えがみえません。

注目は3日に移動した青山学院で、男女とも（とりわけ女子）が大きく緩和しそうなことです。3日では男子で暁星、女子で富士見に増加傾向が見えるほかは緩和基調となっています。このように緩和する学校、緩和する入試日がある一方で、増加する学校、増加する入試日があります。

ただ何度も書いたように隔年現象ではありませんが、２０１３年入試で3倍を超える高い倍率の入試の学校は、国公立ならともかく私立入試でははっきりと敬遠される傾向にあります。昨年入試状況を見て3倍以上なら、同じ実績を持つ2倍台の学校を選ぼうとする傾向が強くでています。

校風でよい学校を選ぶ チャンスがある来年度入試

ところで倍率以外に、入試自体に大きく変動がなくても人気傾向が大きく動く要素はあるでしょうか。

やはりそれは、その学校が、より「これからさらに充実していくはずだ」と感ぜられるか否かでしょう。その意味で、これからの時代のニーズに合った施策を学校側がどこまでしめしているかということかと思います。たとえば目下の関心はグローバル対応をどのように考えているか、ということなどがこれにあたるでしょう。

しかし、一方で倍率が厳しそうだから敬遠される、ということも事実多くあります。これは、人気の反動ともいえますが受験生側のリスク管理でもあります。

ここまでに名前をあげなかった学校はたくさんありますが、伝統教育に実績のある和洋九段女子、三輪田学園、麹町学園女子、跡見学園、東京女学館、女子聖学院、トキワ松学園、男子で言えば聖学院のような、派手さはないけれども定評のある学校は数々あります。

それらの学校の多くが、近年になく緩和する可能性が来年入試には強まっています。学力的にも手が届かないということもないはずです。あと数カ月が受験生が最も伸びる時期でもあります。

その意味で来年入試こそは、校風を考慮した学校選択がかなり可能な事情にあるともいえます。

埼玉、千葉、寮制学校入試も一部をのぞいて近年になく入りやすい状況です。希望を持って挑戦してみてください。

昭和学院

秀英中学校・高等学校

■ 平成26年度入試要項(概要)

		第1回 (第一志望)	第2回 (一般)	第3回 (一般)
募集定員		35名	105名	約20名
入試日		12/1(日)	1/22(水)	2/4(火)
出願	窓口	11/18(月)～20(水)	1/9(木)・1/10(金)	1/23(木)～2/3(月)
	郵送		12/16(月)～1/4(土)必着	
試験科目		国語(50分) 理科(40分) 社会(40分) 算数(50分)		

〒261-0014　千葉市美浜区若葉1丁目2番
TEL:043-272-2481　FAX:043-272-4732
http://www.showa-shuei.ed.jp/

showa gakuin
Shuei

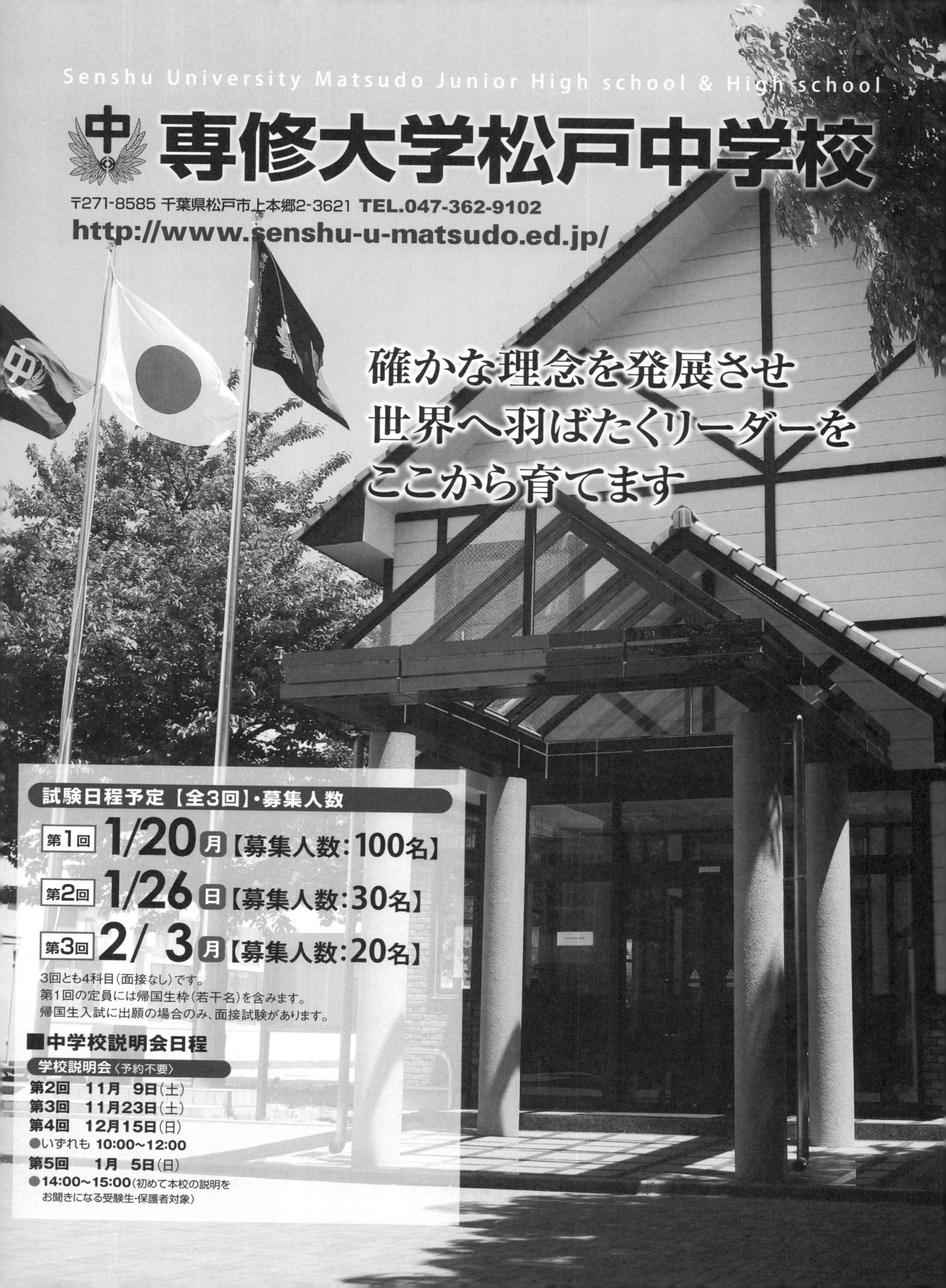
Senshu University Matsudo Junior High school & High school
専修大学松戸中学校
〒271-8585 千葉県松戸市上本郷2-3621 TEL.047-362-9102
http://www.senshu-u-matsudo.ed.jp/
確かな理念を発展させ
世界へ羽ばたくリーダーを
ここから育てます
試験日程予定【全3回】・募集人数
第1回 1/20 月【募集人数：100名】
第2回 1/26 日【募集人数：30名】
第3回 2/ 3 月【募集人数：20名】
3回とも4科目（面接なし）です。
第1回の定員には帰国生枠（若干名）を含みます。
帰国生入試に出願の場合のみ、面接試験があります。
■中学校説明会日程
学校説明会〈予約不要〉
第2回 11月 9日（土）
第3回 11月23日（土）
第4回 12月15日（日）
●いずれも 10:00～12:00
第5回 1月 5日（日）
●14:00～15:00（初めて本校の説明をお聞きになる受験生・保護者対象）

ここから始まる　未来への道
TEIKYO JUNIOR HIGH SCHOOL

学校説明会　予約不要

12月 7日（土）13：30～
12月21日（土）13：30～
1月11日（土）13：30～

合唱コンクール

11月21日（木）
10：00～12：00
会場：川口総合文化センター

平成26年度入試要項（抜粋）

	第１回	第２回		第３回
	午前	午前	午後	午前
入試日時	２月１日（土） 午前 8:30 集合	２月２日（日） 午前 8:30 集合	２月２日（日） 午後３時集合	２月４日（火） 午前 8:30 集合
募集人員	男・女 80 名	男・女 30 名		男・女 10 名
試験科目	２教科型（国・算・英から２科目選択） または ４教科型（国・算・社・理）		２教科型のみ	２教科型 または ４教科型
合格発表	午前入試：校内掲示・携帯 web ともに午後２時 午後入試：携帯 web は入試当日午後８：30、校内掲示は入試翌日午前９時			

帝京大学系属

帝京中学校

TEIKYO

〒173-8555 東京都板橋区稲荷台27番1号　TEL. 03-3963-6383
● ＪＲ埼京線『十条駅』下車徒歩１２分
● 都営三田線『板橋本町駅』下車Ａ1出口より徒歩８分
http://www.teikyo.ed.jp

親子で手を取りあいゴールに向かう

「合格」を勝ち取るためのポイントはここだ

本誌を手にされる時期は、いよいよ中学受験に向けてのカウントダウンが始まるころです。受験生はもちろん、ご家族のみなさんにも焦る気持ちがでてくることでしょう。親子で手を取りあってゴールに向かうためのアドバイスをお届けします。

志望校の決定をしよう

中学入試まで、いよいよ日数がかぎられてきました。11月以降の段階においては、実際に受験する学校を選択し、しぼっていくことは不可欠のことです。これまで、各ご家庭で検討したり、学校説明会に参加した学校はいくつもあるだろうと思います。そうした候補校のなかから、実際の入試日程も考えて具体的に志望校を決定していく必要があります。

受験直前の学習内容として、実際に過去に出題された志望校の入試問題を演習することは、合格していくために重要な学習となります。効果的に勉強を進めるためにも、早めに実際の受験校を決めることが大切です。

志望校の決定は、お子さんにとって最善の学校を選ぶことが基本です。そして、受験する学校は、すべて合格したなら進学する前提で選択していくことが重要です。受験生本人が、「この学校なら行ってみたい」と思えるようになることは、勉強への大きなモチベーションとなり、合格に一歩近づくことといえるのです。

入学試験ですので、当然ながら合否が出てしまいます。そこで、どうしても合格しやすいように偏差値のみを判断基準として学校選択をしてしまいがちですが、偏差値はデータの一種であり、合格の可能性をしめすひとつの基準でしかありません。学校選びは、偏差値だけにとらわれずに、各校の校風や学校文化、行事や諸活動なども含めた学校の全体像から判断していきたいものです。

大学合格実績の見方

また、昨今の中学受験における学校選択の重要な要素のひとつとして、各校の大学合格実績を考慮する傾向がかなり強くなってきています。大学附属ではない学校の場合には、中高6年を経過したあとの進路に注目する人が多くなってきました。

しかし、ここで注意したいのは、大学合格実績の見方です。たんに難関大学の合格者数や、難関といわれる医学部医学科への合格実績数のみに目をとられることのないようにしてください。各校ごとに合格実績の発表形態が異なり、同一人物が複数の大学・学部に合格していても、それぞれ1名合格としてカウントしている例も少なくありません。その一方、合格者数の発表ではなく、実際にそれぞれの大学に進学した数のみを発表している学校もあります。当然、実進学者数のみの発表の方が数は少なくなります。そうした点も考慮して大学進学実績を見ていく必要があります。一概に合格者数だけで、各校の力を判断することはできないのです。

　また、大学入試では、現役合格に重きが置かれることもあります。ここで注意すべきは、単純に卒業生中の現役大学進学率が高いから、それだけ合格実績がすぐれているとはかぎらないということです。とくに男子の上位進学校では、現役時点で合格した大学があったとしても、第1志望校に合格できなかった場合には、あえて浪人の道を選び、翌年、再チャレンジするという例も多くあります。

　志望学部のちがいにも着目してください。一般的に文系学部の場合には、私立大を中心に併願の幅が広くなり、理系に比較して合格者数が全体では多くなる傾向にあります。

　ですから、理系志望の受験生が多い学校は、トータルとしての合格者数は文系が多い学校にくらべて、合格者数は少なめになる傾向もあります。

私立中学校を選ぶとは

　このように、大学合格実績ひとつをとっても、さまざまな要素が複雑にからみあっています。中学受験をするということは、学校を選ぶことができるわけで、それは大きなメリットですが、あくまで中高6年間にわたって受ける教育を選択することが核心です。中等教育の目的は、なにも大学入試を突破する学力をつけることではないはずです。

　可塑《かそ》性に富んだ中高6年間という貴重な時間を、どんな環境で学ぶかが大切ではないでしょうか。とくに私立各校は、それぞれの建学の精神に基づき、個性的な教育活動を展開しています。各校ごとに異なった校風や理念を掲げての中等教育を実施しています。

　ですから、大学合格実績も重要な選択要素のひとつととらえながらも、各校の教育内容や校風がお子さんに合致しているかどうかをじっくりと考慮して学校選択にあたってください。

ラストスパート期間で注意すること

　これまでは、どちらかといえば、のんびりしていて中学受験をするという自覚に乏しかった受験生も、秋以降ともなると、少しずつ受験生らしく変化してくるものです。

　多少の個人差はありますが、それぞれ自分なりに「受験にがんばっていきたい」と変わってきます。それを言葉にしたり、外から見てわかるような行動に表れないこともありますが、多かれ少なかれ、この自覚が生まれてくるものです。意識されることは少ないのですが、こうした自覚が生まれることが中学受験を志しての収穫のひとつともいえるでしょう。

　受験するということで、ご本人が自覚して勉強しようという気持ちを持てることは大きなメリットといえます。これは学習面における伸長につながるのみならず、ものごとに積極的に取り組もうという姿勢となり、小学生として得がたい体験をすることになります。

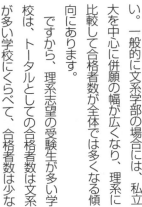

学習時間ではなく内容が大切

　具体的な生活面においても、このラストスパート期には変化が生じてきます。受験生に芽生える勉強したいという気持ちから、どうしても夜遅くまで机に向かうことになりがちで、睡眠時間の確保や

体力面など、ご家庭のみなさまにとっては心配になるかもしれません。原則として、そうした変化が生じたとき、お子さんのやる気を評価し、温かく見守りつつ、励ましてあげてください。

ただし、あまり夜遅くまで無理をしすぎると、極端に睡眠時間が不足し、体調を崩すことにもなりかねません。

そこで、そうなる前に適切なアドバイスが必要になります。きちんと眠り、集中して学習することが、じつは、成績向上への近道であることを、お子さんが理解できるように話してあげてほしいと思います。

ラストスパート期間であるからこそ、学習時間を多くとることではなく、その学習内容の質をあげることが大切なポイントなのです。

中学受験においては、あくまで基礎・基本が重視され、一見、応用的でむずかしい問題に見えたとしても、実際には基礎・基本がどこまで身についているのかを判断する問題がほとんどです。ですから、この時期以降における学習は、すでに勉強した分野・事項について、自身のなかで整理・確認することが重要となります。これまで勉強してきたことを定着させ、具体的な問題を前にしたときに、それが活用できるようにすることが、いま、最も効果的な学習となります。

いわば、これ以降の学習においては、新たなことのインプットに重きを置くのではなく、必要な内容を適切にアウトプットできるような勉強にシフトしていくことが重要です。そこでは、短時間であってもいいので、集中して取り組み、時間ではなく密度の濃い学習を心がけたいものです。

だれもが経験するプレッシャー

受験というものは、必然的に「合否」という厳しい現実と向き合わなければなりません。たとえば、応募倍率が2倍だとすると、受験生の半分は残念な結果とならざるをえません。

となると、だれもが「自分は合格できるのだろうか」と不安になります。そして、そのプレッシャーは試験日に近づくほど大きなものとなってきます。受験勉強は、これだけやったからじゅうぶん、というものではなく、むしろ勉強すればするほど不安になる側面もあるのかもしれません。

そうした精神的な不安は、受験生はもちろんのこととして、周囲で応援するご家族のみなさまにとっても共通のことなのかもしれません。ことに、初めてお子さんが中学受験をされるご家庭においては、ご心配も尽きないでしょう。

しかし、これはだれもが経験することであり、無用な心配はいりません。受験にともない、多くの人が共通して体験する心理状態であり、むしろ真正面から全力で取り組んでいるからこそ、不安にもなるのです。「はたして合格できるだろうか」という気持ちになることは、これまで努力してきた証ともいえるのです。

心と身体のリラックスを

こうした精神的なプレッシャーから自らを解放するためには、心と身体をリラックスさせる気分転換を心がけていくといいでしょう。なにも特別なことである必要はありません。家族で近所を散歩したり、家庭内でのレクリエーションを企画したりして、無用なストレスをためないようにしていきたいものです。

受験生のお子さんはもちろん、それを支えるご家族が、ささいなことでいいので楽しく時間を過ごし、リラックスしたようすで過ごすことが、受験生にもかならずよい影響をおよぼします。

具体的には、志望校のオリジナルグッズを入手してみたり、合格祈願にご家族ででかけるなど、勉強以外の行動をなにか企画してみることは、プレッシャーを回避する効果的な方法といえます。受験だけに一途になって、追い詰められた心理状態になるのではなく、逆に、「入試をみんなで楽しもう」というくらいの気持ちでのぞんでみてはいかがでしょう。

体調の管理は万全に

同様に、体調の管理にも周囲のご家族の協力が不可欠です。睡眠時間の確保、バランスのとれた食事、規則正しい生活によって、受験生ならびにご家族の身体のコンディションをベストの状態で保つようにしましょう。

そして、意外に忘れやすいことですが、歯の健康にも注意しましょう。虫歯だけは、放置しておいて自然治癒することはありえません。もし、歯に不安が少しでもあるようなら、なるべく早めに歯科を訪れ、入試日程を歯医者さんに理解してもらい、適切な治療を受けられるようにしてあげてください。入試直前に歯科治療が必要になると、それだけでも大きな負担となります。

さらに、これから本格的な冬の到来を迎えると、例年、風邪やインフルエンザの流行が予想されます。62ページからの風邪対策も参考にしながら、家族内でだれも風邪やインフルエンザにかかることがないようにしたいものです。

「合格カレンダー」をつくろう

中学受験は、受験生だけではなく、家族全員でのチームプレーです。受験生をサポートするご家族の全員が、受験スケジュールを前もって確認できるように一覧にしておきたいものです。いわば、「合格カレンダー」を作成して、受験を迎えるまでのスケジュールを一覧できるかたちにしておきましょう。

この「合格カレンダー」には、願書の入手、出願日、事前面接がある場合にはその日時、入学試験日、入試の付き添い保護者、合格発表日時、合格発表形式（掲示かインターネット、郵送など）も記入しておくと便利です。（「合格カレンダー」については77ページ参照）

直前の学校主催「入試問題解説会」への出席

近年、12月から1月にかけての入試直前期に、多くの学校で「入試問題解説会」が実施されるようになりました。これは、各校の前年度入試問題を教材として、出題のポイントや注意事項などについて受験生を対象にして解説されるものです。

この入試問題解説会では、解説の前に実際の入試と同じ時間制限のもと、受験する教室と同じ条件で問題を解く体験ができます。

すでに、家で前年の問題を演習で解いていたとしても、受験する学校の教室で問題を解き、その直後に出題側の学校の先生から解説を受けることができるのは大きなメリットです。

出題の意図や、陥りやすいミスなどについても話が聞けますので、おおいに参考となります。もし、そうした機会があるなら、積極的に利用したいものです。

とくに、解答形式として記述問題が多い場合などにおいては、どのようなことをどのくらいの量を書けばいいのかという点について、採点側からの視点で話が聞けます。また、完全な解答でなかった場合でも、どのような要素が解答に含まれていれば部分点が与えられるのかなどについても説明されます。

年末から年始にかけての、日程的には受験生にとっても忙しい時期ではあるのですが、この入試問題解説会は現実的なメリットが数多い機会ですので、ぜひ積極的に参加するようおすすめします。

また、ご家族にとっても、最後の学校説明会になります。志望校を最終的にしぼりこむことができていなかったり、迷っているような場合にも、判断材料となるのではないでしょうか。

各学校への交通アクセスも入試本番を考慮して再確認することができます。実際の入学試験日には、どのような事態が発生するかわかりません。最寄り駅からの道順を含め、使用する路線等も複数ある場合もありますので、当日、想定外のことが起きたとしてもあわてることがないよう、この入試問題解説会の機会に準備をしておくといいでしょう。

前述した入試問題解説会が実施されない学校の場合も、受験校や入試会場の下見は、可能であればしておいた方がいいでしょう。

説明会実施の時間帯とは異なり、朝の通勤・通学時間帯は混雑状況もちがいますし、交通機関の運行状況においてもちがいがあります。また、平日と休日で快速、特急などの状況も変わります。

首都圏で中学入試が実施される時期には、降雪のあることもあり、交通機関が大幅に混乱して、入試実施に影響を与えることもしばしばあります。そうした場合の代替交通機関についても念のため確認しておけば、万が一の場合にも、あわてないですむでしょう。

さらに、学校によっては学校校舎以外の学外施設を利用して入学試験を実施する場合があります。寮施設のある学校の首都圏入試などの場合には、その会場確認をかならずしておきましょう。こうした別会場入試では、保護者が試験時間中に待機しているスペースが用意されていなかったり、あっても狭くて入りきれないこともあります。会場付近に、待機できる場所を下見をつうじて探しておくといいでしょう。

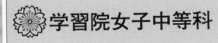

合格発表後の手続き準備も

また、合格発表後、入学手続きを迅速にしなければならない学校もあります。発表当日もしくは翌日までに指定の費用を納入して入学手続きをすませる必要がある場合もあります。

そうしたとき、学校の近くに金融機関があるかどうか、コンビニエンスストアなどのATM機が利用できるのかどうか、設置されていても、預金引き出しのみの機能で振込ができなかったり、振込可能な金融機関に限定がある場合もあり、注意が必要です。

それぞれの学校の手続きにおいて費用納入が銀行振り込み指定であるか、現金で学校窓口に納入するのかなどについても、事前にきちんと確かめておくといいでしょう。

合格発表の日時は、複数校を受験した場合、近接していることが多く、その場になってあわててしまいがちです。「合格カレンダー」などで、きちんと整理しておくようにしましょう。

入学試験の服装について

入学試験に、受験生がどのような服装でのぞむのかは、前もって決めておくといいでしょう。入試だからといって、特別な服装を意識する必要はありません。たとえ面接試験があるとしても、服装によって合否に影響はいっさいありません(55ページ参照)。

とはいえ、面接が実施される学校の場合、多くの受験生が少し改まった服装でのぞむことが多いようです。とくに女子受験生においては、きちんとした服装をするのがふつうです。

しかし、こうしたものを着用しなければいけないとか、こうするべきだということが定まっているわけではありません。当然、服装によって学校側がなんらかの評価をすることもありません。

どんな服装でも構わないのですが、受験生心理として、周囲の受験生とあまりにかけ離れた服装であった場合、本人がそのことを必要以上に気にしてしまい、それが原因で実力をだしきれないという事態だけは避けなければなりません。実際はそんなことはないのですが、「私だけ浮いてしまっている」と思うようなことがないようにしたいものです。

では、具体的にはどんな服装がよいのでしょうか。

面接にのぞむ場合、無地か紺色、グレーなどのブレザー、セーター、カーディガン、同系色のズボン、女子なら無地もしくはチェックのスカートなどが一般的です。決まっているわけではなく、多くの場合にこのような服装というだけのことです。

また、すでに受験を終えた知り合いがいれば、どんな服装で入試にのぞんだのか聞いてみましょう。サイズが合うようなら受験期のみ貸してもらう場合もあるようです。合格した知り合いが身につけたという縁起のよさもあり、そうしたことも受験の知恵のひとつかもしれません。

この受験日に着る服は、当日、初めて身につけるということのないようにしましょう。ある程度、服に慣れ、ご本人が違和感のないようにしておくことです。模擬試験や塾などに着ていくなど、着心地を確かめておいた方が無難です。セーターなどの場合、首回りがチクチクしないかどうか、サイズが合っているかどうかなども実際に身につけて確認しておくようにしましょう。

女子の場合には、新調した服や初めて着る服の場合、服に意識がいきすぎて思わぬ失敗をしてしまうこともまれにあります。ある程度は、着慣れておくことが、平常心で入学試験にのぞむコツです。

同時に、下着についても、新品を当日、身につけるのではなく、一度洗濯をして水をとおしておく方が無難です。

こうした服装に関することは、ご家族がちょっとだけ気を配るだけでできることです。受験生へのサポートとして、ぜひ心がけてみてください。

メガネを着用している場合の注意

ふだんメガネを着用している受験生の場合、メガネの度を含めた再確認を早めにしておくようにしましょう。なるべくなら慣れたメガネを使用すべきですが、成長期でもあり、場合によると度が進んでいて、現在の目に合っていないことも、ときどきあるようです。度の合わないメガネは、よく見えないばかりか、それが原因で実力を発揮できない事態にも発展しかねません。メガネの買い替えが必要な場合には、早めに購入し、新しいメガネに慣れておくことが必要です。直前になってメガネを新調して慣れないうちに入学試験を迎えるということがないようにしたいものです。

なお、この入試直前期にメガネからコンタクトレンズへの移行は慎重に考えた方がよいと思います。成長期でもあり、またコンタクトレンズが好ましいかどうか、コンタクトレンズに身体が慣れるまでに一定期間を要することもあり、なるべくなら身体に違和感のない状態で本番にのぞめるようにしたいところです。

メガネを着用している場合には、入学願書に貼付する写真もメガネ着用で撮影するようにしてください。本人確認のための写真であり、学校によっては受験時のメガネ着用での写真を貼付することが明記されていることがあります。

入学願書の入手について

受験可能性のある学校が定まってきたら、つぎの準備として、各校の入学願書を入手して、願書に記入する作業となります。

入学願書については、受験可能性のあ

「合格」を勝ち取るための ポイントはここだ

る学校のものはひととおり手に入れ、なるべくなら早めに入手するに越したことはありません。

留意していただきたいのは、お手元にある願書が当該年度のものであるかどうかを確認することです。場合によって、早い時期の学校説明会だけに参加して資料を手に入れてきた場合、まだ新年度願書が完成しておらず前年度の願書が参考のために配付されていたという場合もあります。

願書冒頭の年度表記も学校ごとに微妙にちがうこともあり、なかなか気づきにくい点ですので注意するようにしてください。

実際に前年度の願書に記入してしまい、出願窓口で指摘されて、その場であわてて書き直したという事例も意外に少なくないようです。かならず確認するようにしてください。

願書の記入は保護者の役割

入学願書は中学受験の場合、保護者が記入することが原則です。実際、ほとんどの場合、保護者が記入していますし、学校側も保護者が願書を書くことを前提にしているようです。

願書記入時期は塾の冬期講習が開始される年末でも間に合います。しかし、首都圏において、千葉県・埼玉県・茨城県の私立中学校ならびに寮のある学校の首都圏入試は1月初旬から順次、実施されていきますので、年末のあわただしい時期に願書記入を行うのは避けた方がいいかもしれません。

願書に貼付する顔写真、小学校の通知表コピー、健康診断書、在籍小学校からの調査書などの添付書類が必要かどうか、受験料は銀行振り込みなのか窓口で現金納入なのかについても学校ごとに異なりますので、あらかじめ確認しておくようにしましょう。

こうした出願にともなう準備は、併願校を含め、志願する可能性のある学校すべてについて忘れずに用意しておくようにしてください。他校の合否結果次第で受験を考えている学校についても、願書記入は直前にするとしても、写真や添付書類等については前もって用意しておき、迅速に対応できるようにしたいものです。

このような出願書類は、保管場所をひとまとめにしておき、どこにしまったのかすぐにわかるようにしておきます。そして各校ごとにクリアファイルなどに収納し、外から見てすぐに内容が判明するように保管するようにしましょう。

願書記入の注意事項と記入の仕方については、46ページからの記事を参照してください。

ラストスパート、冬期講習時期以降

当然のことですが、一般に入学試験は朝から実施されます。人間の脳は起床後、すぐには完全に機能せず、一定時間が経過した後に脳が働く仕組みであることは広く知られています。

そこで、受験生においても生活パターンを「夜型」から、朝早く起きる「朝型」に移行していくことが望まれます。ただ、人間の身体はすぐには新しい環境や生活パターンに順応できない面もありますので、一定期間をかけて徐々に身体を「朝型」にもっていくようにしましょう。

おおよその目安として、冬期講習の時期から生活のリズムを早寝早起きに移行するのがよいでしょう。

「朝型」の生活パターンとするのは、時間的に朝早く起きることが目的ではありません。脳を働かせるためです。ですから、目が覚めるだけではなく、脳が早く起きたことを実感できるようにしなければなりません。起床後、窓を開けて朝日を身体にあびたり、外気を取り入れるようにすることも大切です。

さらに、ほんとうに短時間でかまいませんので、早起きしたら漢字練習や計算問題を解くなど、頭を働かせる週間をつけていきましょう。前夜に学習した理科や社会の暗記事項の再確認でもいいでしょう。

大事なことは、朝の学習でなにをやろうかと迷わないですむように、前もってやるべきことを決めておき、習慣にして短時間の学習を行うことです。

いちおうの目安として、「朝型」への移行は、最終的には入学試験開始時間の約3時間前に起床できるようにすることが目標です。ただし、睡眠時間はきちんと確保し、脳内に睡眠誘発物質が生成されて眠気が残っているようなことがないようにしなければなりません。

そのためには、就寝時間を早めなければならず、たとえ朝に短時間勉強したとしても、少し学習時間は減少する結果となります。でも、そのことを心配する必要はありません。すでに、じゅうぶんな学習量を確保してきたわけですし、この時期にいたって学習量を気にすることに意味がないからです。

万全のコンディションで入試問題に向かうことがなにより大切なことで、そのために「朝型」に変えていくわけなのです。

繰り返しになりますが、「朝型」に変えることそのものが目的ではないということです。早起きだけに気をとられ、無理をして睡眠時間を削る結果となり体調を崩し、結果、コンディションをマイナス方向に向けてしまうことのないように、くれぐれも注意してください。

ご家族のチームプレーで支える

この時期にもなると、受験生はいっそう、ナーバスになるものです。それは、成績がどうかとは関係がなく、小学校6年生の児童が自身の力だけで合否という厳しい現実のともなう入学試験にチャレンジしようとするのですから、不安や心配がうずまいて当然なのです。むしろ、そうした経験ができることが長い目で見ると中学受験の大きなメリットでもあります。

塾での学習も長時間となりがちで、家族そろって夕食のテーブルをかこむ機会も減ってくるのかもしれません。それでも、朝食はなるべく家族みんなで顔を合わせるように工夫したり、さりげなく時事問題を話題にするなど、側面からのご家族のサポートを心がけてください。

そして、ふだん忙しいお父さんも、可能な範囲で中学受験にともに参加する姿をお子さんに見せていただきたいと思います。受験校の下見、交通手段の検討、合格発表の確認方法など、お父さんが得意な分野で活躍する場面も多いのではないでしょうか。

中学受験に直面しているときは、その大変さに家族も閉口しがちであるのは事実ですが、受験を終え、お子さんが成年したころになって思いだすなら、ある意味で子育ての醍醐味だったと感じられることでしょう。

中学受験の意味づけのひとつは、家族全員のチームプレーであり、家族の一体感を現実的に感じられる機会でもある点です。そして、その一体感こそが「合格」を得る最大の力となるのです。

入試直前期には、ここに注意を

当然のことですが、受験生にはお正月はなく、受験準備の日々がつづきます。そして塾の冬期講習を終えれば、すぐに中学入試本番の到来です。

千葉県・埼玉県・茨城県などの私立中入試は、1月早々から開始されます。地方の私立中の首都圏入試も、ほぼ同様に始まります。

これらの入試には、東京都や神奈川県の受験生も、試験慣れを目的として受験したり、最近の交通網整備にともない通学圏内に入ってきた学校もあり、実際の志望校とする東京・神奈川の受験生も多くなりつつあります。いよいよ本格的に入試シーズンの到来を迎えることになります。

この入試直前期において、最も大切なことは、体調の保持、健康管理です。厳寒期でもあり、受験生ご本人はもとより、ご家族のかたがたも風邪をひかないようにじゅうぶんに注意しましょう。

そして、日々の生活における基本は、「いつもどおり」に過ごすことです。入試直前であるからといって、特別なことをしたりせず、ふだんと同じように小学校に登校し、いつもどおりの学校生活を送るようにしてください。

入試対応を意識しすぎ、学校を休んで受験勉強に没頭するという手法もあるようですが、けっして得策とはいえないでしょう。

入試直前だからこそ、小学校の友だちと過ごす時間は、受験生にとってリラックスタイムでもあり、適度に緊張をほぐすことのできる貴重な時間なのです。ですから、学校を休んで勉強するというやり方は、適切とはいえません。

また、受験の際は、受験日が休日でないかぎり、学校を欠席することになります。調査書の記載をお願いしなくても出願できる場合などには、学校側に知られずに受験できる結果になりますが、かならず前もって担任の先生には受験日程をお知らせしておくべきです。これは、中学受験をする際の忘れてはならないマナーのひとつではないでしょうか。

お父さん、お母さんは、不安になりがちなお子さんを励ましつつ、学校との連携も密に、受験会場でお子さんが全力をだしきることができるように支えてあげていただきたいと思います。

入学試験前日には

受験生にとっても、またご家族にとっても「入試前日」は、非常に緊張することだろうと思います。当日は、入試の付き添いも含め、忙しく動くために緊張の度合いもさほどでないこともあるのですが、前日は必要以上にピリピリした緊張感に家中が包まれがちです。

しかし、ここで過度に緊張することなく、リラックスして過ごすことが大事です。もちろん、入試を明日に控えて緊張するなという方が無理かもしれません。でも、これまで努力を積み重ねてきました。やれることはやりきってきたはずです。まずは、ご家族のみなさんが、笑顔で受験生のお子さんに接していただくことが望まれます。

前日は、塾では授業が行われなかったり、すでに塾の課程が修了している場合もあるでしょう。それでも、お子さんによっては、「塾の先生に会ってきたい」という場合もあります。これまでご指導を受けてきた先生に会うことで緊張感が和らぐことも多いようです。

ただし、翌日の入試のことも考慮し、あまり帰宅時間が遅くならないようにしましょう。

塾の先生がたは、多くの受験生を毎年送りだしている受験のプロですので、きっとリラックスできるアドバイスをしてくださると思います。

夜にはお風呂にゆっくりと入り、身も心も落ちつかせて早めの就寝を心がけましょう。ときには、緊張のあまり「なかなか寝られない」と訴える受験生もいるようですが、あまり気にせず床に入るよう声をかけてあげてください。薬品などに頼ることは、避けるようにするのは言うまでもありません。床に入っていれば、自然に眠くなっていくはずです。

持ち物のチェックは完璧に

前日には、入試の持ち物の確認をしっかりとしましょう。万が一の忘れ物がないように、お家のかたがいっしょに確かめるようにしてください。

ただし、実際にかばんに入れるのは、それらのものを使用するお子さんにさせるようにしましょう。どこになにを入れたのか、自身でしっかりと理解しておくことが大事だからです。

これらの持ち物については「試験当日の持ちものチェック」(4ページ)や「忘れものチェックリスト」(75ページ)を参考にしてください。

さらに、万全の準備としては、翌日の天気予報を確認し、翌日が雨や雪の予報の場合には、長靴、雨具、替えのソックス、タオルなども玄関先に用意しておくといいでしょう。突然の場合に忘れがちな物だからです。

そして、忘れてはならないもののひとつが受験票です。ご家庭によっては、縁起をかついで神棚や仏壇などに置いてあることもあるようですが、複数校の受験票がある場合、つい、うっかり他校のものを持っていってしまう例もあるようです。かならず、翌日の受験校のものであることを確認するようにしてください。

入試当日の注意事項

試験会場には時間的な余裕をもって着くようにしましょう。ただし、早すぎるのも得策ではありません。入試開始まで、あまりに長い時間を試験場で過ごすことになり、緊張しすぎる場合も考えられるからです。

試験会場への交通手段としては、タクシーや自家用車の利用は避け、ほかの公共交通手段を選ぶようにします。天候や事故等の理由による万が一の遅れの場合にも対応が可能となるからです。

なお、ついうっかり受験票を忘れてしまったような場合があったとしても、家に戻る必要はありません。入試会場で受験票を忘れてしまったことを申し出れば、本人確認をしたうえで、通常と同じく受験することができます。

入試を終えたお子さんは、どうしても終了した問題を気にしてしまいがちです。学校によっては、解いた問題を持ち帰ることが認められていたり、入試問題を販売していることがあります。その問題を見て自分の解答が正しいかどうかと気になるのは当然のことでしょう。

しかし、終わってしまったものは仕方ありません。知識事項などを、さっと確認する程度にとどめ、できなかったとしても、あとに引きずることのないようにしたいものです。つぎの目標に向かって前向きに取り組んでいくようにしましょう。

合格発表にあたって

近年はインターネットをつうじての入試即日の合格発表を実施する学校も増えてきました。

試験を受けた当日の夜には結果がわかるのは便利でもあり、また、残念な結果となってしまった場合には、受験生に酷な面もあるのかもしれません。残念ながら思わしくない結果となってしまったとしても、それを気にしすぎることなく、翌日以降の入試に焦点を切り替え、気を取り直してがんばっていくように声をかけ励ましてあげるようにしましょう。

第1志望校と縁がなかったとしても、ほかの合格校があるなら、そちらに進学して、新たなスタートを切ることに意味があるともいえます。合格できた学校に縁があったと考え、なるべく早い時期に考え方を変えていくべきです。「合格できた学校が第1志望」ととらえていきたいものです。

お世話になったかたへの報告も

入学試験の結果を心配して見守ってくださっているかたがたもおられると思います。とくに、長らく指導にあたってこられた塾の先生や学校の担任の先生は、どんな結果となったのか気をもんでおられることでしょう。

塾の先生には、早めに発表されるたびごとに結果をお知らせした方がいいでしょう。つぎへの適切なアドバイスをいただけることもあるからです。

学校の担任の先生には、ひととおり入試が終了し、自分なりの進路が決定してからでもいいので、結果を報告したほうがいいと思います。第1志望合格といううれしい報告ができない場合もあるでしょうが、きっとご心配いただいていたはずです。胸を張って、結果をお知らせしてください。

入試は必然的に合否という厳しい結果をともないます。第1志望校に合格できることもあるでしょう。人一倍努力したのに期待した結果とはちがう場合もあるかもしれません。

でも、結果いかんにかかわらず、どの受験生も努力し、長い期間にわたってがんばってきたはずです。

思うような結果が得られなかったときこそ、ご家族の出番だと思います。お子さんが受験に全力を尽くしたことを評価してあげ、ほめてあげていただきたいと思います。その努力は誇っていいものです。

前途あるお子さんの未来を心から応援していただきたいと思います。

Nihon University Buzan Girls' Junior High School

日本大学豊山女子中学校

夢見るチカラが
育つ場所
＊豊山女子のポイント＊
日大付属校で 唯一 の女子中学校 礼儀作法・茶道 など特色ある女子教育
さまざまな経験ができる 校外学習 を 年6回 実施
高校に 都内唯一の理数科 を設置
伝統ある理系女子教育により 医療系に高い合格実績
14学部87学科を有する総合大学 日本大学へ推薦制度 あり

入試日程

		募集人数	試験科目
第1回	平成26年 2月 1日（土）	70名	4科または2科（国・算・社・理）（国・算）
第2回（午後入試）	平成26年 2月 2日（日）	20名	2科（国・算）
第3回	平成26年 2月 3日（月）	50名	4科または2科（国・算・社・理）（国・算）
第4回	平成26年 2月 5日（水）	20名	4科または2科（国・算・社・理）（国・算）

※ 詳細は募集要項でご確認ください。

学校説明会 ● 10:00 本校

平成25年 11月 23日（土）

平成25年 12月 7日（土）

平成26年 1月 11日（土）

保護者・受験生対象

説明会終了後に個別面談・施設見学ができます。

※ 予約不要・上履不要。

※ 学校見学は随時受け付けています。事前に電話予約をお願いします。

〒174-0064 東京都板橋区中台3丁目15番1号 TEL・03-3934-2341

http://www.buzan-joshi.hs.nihon-u.ac.jp/ 日大豊山女子 検索

access

● 東武東上線「上板橋」駅下車 ………… 徒歩15分

● 都営三田線「志村三丁目」駅下車 …… 徒歩15分

赤羽・練馬より スクールバス運行

赤羽駅 ←→ 本校バスロータリー 15分

練馬駅 ←→ 本校バスロータリー 20分

合格をつかむ

直前期の学習ポイント

いよいよ入試本番が近づいてきました。残りの期間、「あれもやっていない」「これもできていない」と焦る気持ちになりがちです。そうならないための学習アドバイス、さらに各教科で確認すべきこと、押さえるべきポイントをお教えします。

冷静に持ち時間を把握しよう

入試本番までの期間、まずは、「直前期」「ラストスパート」という言葉に惑わされず、冷静に持ち時間を把握することが大切です。手帳などのスケジュール帳を活用して、時系列で把握しておくことをおすすめします。

たとえば1週間型のスケジュール帳を用意して、眠っている時間、学校の時間など、受験勉強に使えない時間をグレーで消しこみ、塾の授業など決まっている時間を書きこむと、残ったところが持ち時間になります。これを気持ちの明るくなる好きな色で塗っておきましょう。いつ、どのくらいの持ち時間があるのかがわかり、計画を立てたり修正する際のベースになります。しかし、過ぎた日の持ち時間を消しこんだりはしないようにしましょう。

学習の密度をあげる

これからの時期、特別な学習方法が必要になるわけではなく、一つひとつの学習の密度を高めていくことを重視しましょう。漠然とテキストを眺めているだけという視覚頼みの学習にならないよう、「手を動かす」、「声にだす」という学習を心がけてください。

そうしながらも、いままでとちがう意識を持ってほしい点は、「これが最後の機会」という気持ちを持つことです。きょう学習した問題を復習するにしても、このさき本番まで同じ問題にはであわないかもしれない、という意識で学習しましょう。

学習を終えたところは、思いきって捨ててしまう（捨てるのがイヤなら、中身を見ない箱をつくってそれに入れる）というのも効果的です。

かぎられた時間を有効に使うには、効率化・省力化も大切です。「やらなければならないこと」にばかり目がいくと、その分量を見て不安になってしまいます。むしろ、引き算の発想で、これはやらなくてもいい、というところを決めていきましょう。これは信頼できる塾の先生に聞くのがいちばんです。

停滞を避けるコツ

残り時間が少なくなると、うまく進まなかった日は、必要以上に悪くとらえ、気持ちも停滞してしまいます。でも、それは避けたいですよね。停滞の2大原因は、「なにをしようか考えているうちに時間がたってしまう」こと、そして、「いやいや気が乗らないままぼんやりと学習を進めてしまう」ことです。

そこで、おすすめしたいのは、1日の学習スタート時間とメニューの固定です。

　ポイントは、得意教科、単純なもの、短時間(15～20分程度)、手作業を多くともなう学習です。算数好きなら計算や1行問題が定番、国語なら漢字などの知識問題。音読というのも意外に効果的です。理科や社会なら写真を見て名称を答える問題などがいいですね。

　やる気があるからはかどるのか、はかどるからやる気がでてくるのか、という話がありますが、当たっているのは後者のようです。1日のスタートを、はかどる作業から始め、脳を活性化させることで停滞を防ぎましょう。

　さらに、持ち時間を有効活用する方法のひとつが、すき間時間の活用です。15分程度の短い時間でも、ひとつのことにしぼって集中して取り組めば、積み重ねが大きな力になってくれるはず。すき間時間を最大限に活用するコツは、教材がすぐ取りだせること、あらかじめなにをするかが決まっていること、分量をよくばらないことです。

合格までのイメージを具体的に

　そして本番を迎えるときのアドバイスをひとつ。

　「勝つときは、勝つ瞬間までのイメージがすでに描けている」といいます。当日の朝ごはんから始まって、学校の前、教室のなか、試験中、そして、合格の瞬間、入学式までのイメージをはっきりと具体的に思い描いておき、前向きに試験を迎えてください。

国語

▼持っているものを大切に

　これからの時期、いまから新しいことを取り入れる必要はありません。自分がこれまでに習ってきたことや教わってきたことが、本番で使えるようになっているかを確認していくことが大切です。

　たとえば、「しかし」などの逆接の接続詞がでてきたら接続詞のうしろに主張があることが多い、「つまり」「要するに」のあとには前に述べたことを抽象化した内容がくる、など、授業で教わったことはたくさんあるはずです。

　しかし、これまで習ったはずのことも、意外に忘れているもの。これらの「自分ができること」を一つひとつ確認し、ちゃんと「使える」という感覚にしておきましょう。そのために、頭のなかで考えるだけではなく、考えの過程をきちんと書いておくことが大切です。

▼全体を見渡す読み方

　長文読解のなかでも物語文は、全体像をとらえることを習慣づけておきましょう。物語文では、かならずなにかのできごとがあり、登場人物、とくに主人公の心情の変化が描かれています。物語文を読んだあとは、なにが起こって、だれのどんな気持ちがどう変化したか、ということを書きだすようにしましょう。

▼知識問題は「手・声・意味」

　漢字や語句の問題は、この時期でもひと手間かけて学習しましょう。まちがえた漢字の正解を確認して終わりにしてしまっては非効率です。読めない漢字、書けない漢字などは、意味がわからず言葉として使えていない場合がほとんどです。慣用句やことわざも同じ。ちゃんと意味を理解しその言葉を用いた例文をつくる、慣用句やことわ

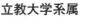

ざなら、具体例をあげたりひと言にまとめることをおすすめします。

反対に、初めて聞くようなむずかしい四字熟語や慣用句などは、ムリに覚えようとしなくてもかまいません。足りないことに目を向けるより、持っている知識に自信を持てるようにすることの方が大切です。

算数

▼自分の特性に合わせたメニューを

直前期に大切なことは一人ひとり異なるので、個人の特性をよく把握しているかた（塾の算数の先生など）といっしょに学習メニューを考えていくことをおすすめします。その前提で、多くのかたに共通していることをここではお伝えします。

▼得意分野に注力し取れるものを確実に

12月下旬から始まる冬期講習以降は、取れるものをきちんと取ればそれでいい、というおおらかな気持ちを持ちましょう。繰り返し言われることですが、入試は満点を取らなければならないものではありません。できないことばかりを気にしていては、非効率であるだけでなく、自信をなくすことにもつながります。たとえば、立体図形（とくに切断や回転）、規則性などは、どんなに練習してもなかなか上達しない場合があります。ムリにそこに時間と労力をつぎこむよりは、それらを避け、比較的得意な問題に取り組み、確実に得点できるようにしていきましょう。それが自信につながります。

▼ミスをなくす工夫

算数におけるミスの代表は、問題文の読みちがい、計算ミスのふたつです。

問題文の読みちがいをなくす対策としては、「音読」「細切れに読む」ことが効果的。文章を、小さな区切りで切って読み、いったいなにが読み取れるのかを確認し（場合によっては、図や表に書きだし）、情報を整理していきましょう。これも算数の先生が何度かとなりについて読み合わせするのが理想なのですが、できない場合は、保護者のかたが見てあげてください。

計算ミスがめだつ場合は、途中式の書き方に注意しましょう。余白にばらばらに書くのではなく、縦に整理して書いているのかをチェックしましょう。

社会

▼「かたまり」にして覚える

直前だからといって、数をこなそうと一問一答式の問題ばかりに頼りすぎないようにしましょう。入試問題では、知っていれば答えられる単純な問題もありますが、知識と知識のつながりを問われる問題が数多く出題されます。

「地形や気候と産業や暮らしのつながり」「時代背景・原因→きっかけ→できごと→影響」「制度や仕組みと日常生活や時事的ことがらとのつながり」といったように、知識を「かたまり」にしてまとめていく（ノートやカードに書いていく）ことをおすすめします。

▼写真、図表、地図、グラフのチェック

理科や社会では、資料を使った、その場で考えるタイプの問題もすっかり

定着してきました。日ごろから資料を見て考える学習を積んでおき、当日あわてないように慣れておくことが大切です。代表的な写真・図表などの資料を見て、そこからわかることを書きだすことを繰り返しましょう。

▼記述問題

近年、社会科でも、説明を求める問題が増えています。その対策としては、まず、あれもこれも書きすぎないこと。長く書くために、誤った内容を書いてしまうのは最も避けたいところです。

つぎに、最終的になにを答えるのかをかならず確認することです。理由なのか、影響なのか、関係なのか、問題文をていねいに読みましょう。3つ目が、正しい日本語で書くということです。かならず解答を読み返し、日本語として正しいか（とくに主述の関係に気をつける）を、できれば声にだして読んで確認していきましょう。

▼時事問題

社会科は、時事問題の対策も忘れないようにしましょう。おもにこの1年間で話題になったニュースについて、関連するキーワードを中心に、その背景や影響などを、短い文章にしてまとめておきましょう。ニュースとつながりを持つキーワードがあげられるだけでも、大きな力になります。

理科

▼基本事項を確実に

理科は算数と異なり、極端な苦手を残さないようにしましょう。

たいていの学校では、物理・化学・生物・地学からまんべんなく出題されますが、ひとつでも「まったくできない」というレベルの分野があると、ほかで取り返すのはなかなかむずかしいからです。

そのためには、もう1度、基本レベルの知識を、確実に自分のものにしていきましょう。あれもこれもと、数をよくばるのではなく、確実にわかっていることを増やすのがポイントです。

生物・地学の分野では、覚えているかどうかを直前まで繰り返し確認することをつづけ、物理や化学の分野では知識だけではなく、計算問題も含めて、基本的な、いわゆる「取れる問題」を正確にできるかどうかの確認をつづけましょう。

▼実験・観察の重視

覚える作業に有効なのは、実験・観察の問題です。見たことのある実験ほど、実験の背景にある知識と合わせて、確実に定着させていきましょう。

反対に、これまで見たことのない細かな生物の名前など、イチから覚えないといけないものは、いまから覚える必要はありません。定着率が悪く非効率です。

▼話題になったことがら

2013年はふたつの大きな彗星が話題になりましたし、イプシロンロケットの打ち上げに関するニュースもありました。3月に観測開始以降最も早い夏日を記録したり、10月に初めて猛暑日を観測したりといった天気に関するニュースも多くありました。話題にのぼったいわゆる時事的なことがらは、「猛暑日」「特別警報」などの用語の意味を理解し、基本的知識とセットにして覚えておきましょう。

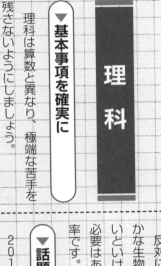

これから間に合う

公立中高一貫校 受検直前対策

公立中高一貫校をめざしている受検生、保護者のみなさんのなかには、「秋からは、なにをしたらいいの」、さらには「公立中高一貫校入試ってどうやって合否が決まるの」ととまどっているかたもおられることでしょう。いよいよ入試が近づいた、この11月から入試までの間をどう過ごしたらいいのかについて、勉強のヒントもまじえてお届けします。

適性検査突破をめざして 親子でいまからできること

公立中高一貫校の受検2カ月前から、保護者のみなさんが取り組まねばならないことは、大きく分けてふたつあります。ひとつは受検生によりそって、過去問のデキの精査など勉強の面倒、もうひとつは入学願書提出の準備です。顔写真の撮影などは、まだ日程に余裕があるうちにすませておきましょう。

過去問攻略

受検校の検査の傾向を知ることが最大の目的

この時期に入ったら、勉強の中心は「過去問攻略」となります。

公立中高一貫校といっても、その適性問題には各校それぞれに特徴があります。そのためにも志望校にまだ迷いがある場合は、もう決めなければ間に合わない時期にきています（東京都立の中高一貫校は平成27年度に向けて適性検査の共通化を検討しています）。

各校における過去の適性検査は、それぞれのHPで公表していますので、まずはダウンロードしてみましょう。

それをお子様に手渡して終わり、ではなく保護者がまずよく見て、検討、分析しましょう。

適性検査は国語、算数、理科、社会を横断的にまとめた融合問題です。表、グラフ、写真などから読み取る内容や、問題文から条件を見抜く力も試されます。国語では出題に対して作文で解答する大問があります。過去問で「なにを答えさせようとしているのか」、

直前学習のヒント

漢字の読み書き

入試が近づいても、毎日取り組んでほしいのは、漢字の読み書きです。私立中学校の入試のようにむずかしい漢字が現れることはなく、でてくるのは「小学校配当漢字」だけです。ただ、公立中高一貫校の適性検査では、漢字を読んだり書いたりできるだけでは不足です。その漢字の持つ意味から派生した熟語がイメージできてほしいのです。「中」は大中小の意味だけでなく、「中毒」の「中」の意味があり、「的中」の「中」と同じ意味だと反応したいということです。また、漢字から地名や歴史的な人物、事件も浮かんでほしいとこ

その傾向や、作文の字数を確認しておきましょう。

時間がさらに進んで入試前1カ月を過ぎ、直前期に入ったら、過去問をすべてやりなおす時間はありません。

すべてを解き直そうとはせず、解答として求められているのはなにか、そのための条件はなにとなにかについて、親子でいっしょに考えながら、過去問に目をとおしていきましょう。

下欄に、この時期からの学習のヒントをしめしておきましたので参考にしてください。

朝型に転換

無理をせず徐々に早く起きる習慣を

つぎに生活面についてのお話に移りましょう。生活面でこの時期大切なことは、「朝型への転換」です。

公立中高一貫校の検査は、8時半集合、9時開始という場合がほとんどです。別項でも述べていますが、人間の脳が活発に働き始めるのは起床後3時間と言われています。ですから、受検時には6時ごろには起床する生活を日常化していなければなりません。

塾に通っているお子さまの場合は、夜型に身体が慣れていますので、いまから、徐々に早く起きる習慣を身につけていきましょう。無理をすることはありませんが、直前になって朝型に切り換えようとすれば、当然無理が生じます。「いまから徐々に」を心がけましょう。

インフルエンザの予防接種も忘れてはなりません。詳しくは62ページからのコーナーであつかっていますが、卵アレルギーがあるなどの問題がなければ、ぜひ受けておきましょう。

インフルエンザの予防接種は、1～4週間をあけて2回接種します（13才以下の場合）。さらにその2週間後から効果がでてきますので、1回目を11月に、2回目を12月～1月に受けるのがよいでしょう（63ページ参照）。

もちろん、お子さまだけでなくご家族も接種することをおすすめします。入試の日、同伴すべきご両親が寝込んでしまっては、安心して試験にのぞめませんし、ご兄妹が罹患した場合も同様です。

また、虫歯の治療などもいまのうちにすませておいた方が無難です。検査当日に歯痛で力が発揮できなかったのではお子さまが気の毒です。

親の出番

高い倍率の公立一貫校うまくいかない場合も

さて、入学願書の提出が迫ってきました。公立中高一貫校を受検する際の心がまえは、すでに固まっているからこその受検なのですが、ここで再確認しておきましょう。公立中高一貫校受検では、1校だけをめざす受検生が殺到します。つまりそれだけ高倍率、それだけ不合格の可能性も高い、ということです。

もし、不合格で近隣の公立中学に通うことになったとしても「してきた努力はかならず将来役に立つよ」と言える親であってほしい

ろです。その意味でも受検校近隣の地名は把握しておきましょう。

計算練習

計算の練習も毎日取り組んでほしいことのひとつです。

公立中高一貫校の適性検査では、単純な1行問題はない、と言っても過言ではありません。理科や社会と融合させ、表やグラフから読み取った数字を割り算して、%にして比較したりというぐあいです。環境問題や農作物の地域比較などから出題されるため、大きな数字同士や少数同士の計算も必要になってきます。これらは、過去問からひもとく方が「類題」にコンタクトできるでしょう。

作文対策

新聞記事には毎日目をとおすようにしましょう。さらに週に1～2回は、コラムや社説、記事を選び、字数を決めて要約したり、要旨をまとめる練習をしましょう。作文の字数は各校で異なりますので、受検校の過去問に則して字数を選びます。字数については読点、句点も1字ですが、いちばん上のマスに読点、句点がきた場合などはどうするのかも、各校の過去問で確認しておきましょう。

し、つぎに立ち向かうお子さまであってほしいと思います。

12月から1月には出願が始まります。後述しますが、受検校の願書は2部、早めに手配して熟読するようにします。内容を理解してから記入を始めましょう。出願期間もしっかり確認しましょう。

受検校には足を運んだことと思いますが、時間がたっているとしたら再度訪ねて、交通手段、所用時間などを再確認しましょう。

「入学者選抜」合否の決定方法

重要なのは報告書と適性検査

ではつぎに、公立中高一貫校の入試では、どのようにして合否が決まるのかについてお話しします。

公立学校の入学試験は、「入学者選抜」と呼ばれます。

公立中高一貫校の出願にあたっては、「入学願書」「報告書（調査書）」、一部の学校では「志願理由書」が必要です。これらの書類様式は都県により、また学校によって異なります。

入学者選抜の当日は、これらの書類に加えて、「適性検査」「面接」「作文」などが実施され、それぞれが点数化され、それぞれ換算されて、その総合成績の結果で合否が判定されます。

これらの実施項目は学校によって異なります。

学校によって換算の仕方はちがいますが、大きな比重を占めるのが「報告書」と「適性検査」です。

報告書は小学校の先生にお願いして書いていただくもので、小学校の成績が大きな要素を含んでいることがわかります。


互いに公立の学校ですから、公立小学校で学習や行事、学校での活動に真面目に、真剣に取り組んでいた児童を取りたいというのは自然の流れでしょう。

ですから、ふだんの学校生活での学習、前向きで真摯《しんし》な態度が重要だといえます。

報告書

報告書は小学校生活を映した鏡のようなもの

報告書は、学校指定の様式に、小学校の先生に書いてもらいます。東京都立中は共通です。

その内容は小学校の「学習の記録」で、おもに5～6年生の成績表を参考にして記されます。

小学校での基礎学力がしっかり身についているか、学校生活に一生懸命取り組んでいるかどうかが焦点となります。

志望校が決まったら、早めに小学校にお願いして、報告書を作成してもらいましょう。

中学校側の出願書類の提出は1月が多いのですが、締切りをよく確認してそれまでに書いてもらう必要があります。

最近では、私立中学が調査書を求めることはほぼなくなりましたが、公立中高一貫校を受検する児童が非常に多くなり、それだけ先生の負担も大きくなっています。ですから、余裕を持ってお願いし、ゆっくりと書いてもらう方がよいのは間違いありません。

報告書の様式は異なるとしてもその内容は、都県がちがってもほぼ共通です。

左ページの例は、平成26年度東京都に提出する報告書です。

記入欄のおもな項目は「各教科の学習の記録」「総合的な学習の時間の記録」「特別活動の記録」「行動の記録」「出欠の記録」「総合所見」などです。

「行動の記録」などの内容によって不利になるようなことは、まずありません。

入学者選抜にとって最もポイントが高く、客観的に記されるのが「各教科の学習の記録」でしょう。他の項目は、合否に大きな影響を与えることはないといっても過言ではありません。

各教科の学習の記録

「観点別学習状況」はA・B・Cの3段階、「評定」は3・2・1の3段階で記される。

行動の記録

項目ごとに「十分満足できる状況にある」と判断された項目に○がつけられます。

特別活動の記録

「十分満足できる状況にある」と判断された項目に○がつけられます。

出欠の記録

出席すべき日数と、そのうち欠席した日数が記される。県によっては20日以上の欠席に対し、理由を求めるところもある。

総合所見

児童の特徴や特技、学校内外でのボランティア活動、表彰、検定資格などが記入される。

総合的な学習の時間の記録

各小学校が定めた評価の観点により、児童の「総合的な学習の時間」における顕著な事項について記入されます。

（様式3）

報　告　書

※受検番号	

（注）①字句を訂正したときは、公印を用いてその旨を明らかにする。
②※印の欄には記入しない。

学籍の記録				
フリガナ		性別	転入学等	年　月　編入学
児童氏名				小学校から転学
生年月日	年　月　日生		卒業見込	年　月　卒業見込

各教科の学習の記録

教科	観点別学習状況　観点	5年	6年	評定 5年	評定 6年
国語	国語への関心・意欲・態度				
	話す・聞く能力				
	書く能力				
	読む能力				
	言語についての知識・理解・技能				
社会	社会的事象への関心・意欲・態度				
	社会的な思考・判断・表現				
	観察・資料活用の技能				
	社会的事象についての知識・理解				
算数	算数への関心・意欲・態度				
	数学的な考え方				
	数量や図形についての技能				
	数量や図形についての知識・理解				
理科	自然事象への関心・意欲・態度				
	科学的な思考・表現				
	観察・実験の技能				
	自然事象についての知識・理解				
音楽	音楽への関心・意欲・態度				
	音楽表現の創意工夫				
	音楽表現の技能				
	鑑賞の能力				
図画工作	造形への関心・意欲・態度				
	発想や構想の能力				
	創造的な技能				
	鑑賞の能力				
家庭	家庭生活への関心・意欲・態度				
	生活を創意工夫する能力				
	生活の技能				
	家庭生活についての知識・理解				
体育	運動や健康・安全への関心・意欲・態度				
	運動や健康・安全についての思考・判断				
	運動の技能				
	健康・安全についての知識・理解				

外国語活動の記録（第6学年）

観点	
評価	

特別活動の記録 内容	評価 5年	評価 6年	行動の記録 項目	評価 5年	評価 6年
学級活動			基本的な生活習慣		
			健康・体力の向上		
児童会活動			自主・自律		
			責任感		
クラブ活動			創意工夫		
			思いやり・協力		
学校行事			生命尊重・自然愛護		
			勤労・奉仕		
			公正・公平		
			公共心・公徳心		

出欠の記録		5年	6年
	出席しなければならない日数		
	欠席日数		

総合所見

総合的な学習の時間の記録（第6学年）

学習活動	
観点	
評価	

上記記載事項に相違ありません。

年　月　日

記載者氏名　㊞

学校所在地　〒

電話番号

フリガナ
学校名

校長名　公印

学校コード □□□□□□

（注）学校コード欄には、都内の公立学校のみ公立学校統計調査に使用する6桁の番号を記入する。

東京都立中高一貫校が求めている報告書の様式（東京都教育委員会）

志願理由書

志願理由書の内容は面接の資料になる

「志願理由書」の提出は、すべての公立中高一貫校で採用されているわけではなく、たとえば都立中学では小石川中と白鷗高等学校附属中の2校だけで必要です。千代田区立九段中では「入学を希望する理由」と「小学校のときに、力を入れて取り組んできたことで、自分が特に述べておきたいこと」を記入する「志願者カード」があります。2項目だけですから、記入欄が他校より広く設けられており、記入する前になにを書くかよく検討する必要があります。

千葉県立千葉中の「志願理由書」は、都立中学に似た様式ですが、その他の項目に「自己アピール欄」があります。千葉市立稲毛中の「志願理由書」には入学願書と受験票に貼付したものと同じ写真を貼る必要がありますので、写真撮影の際に3枚用意してもらうことを忘れないようにしましょう。

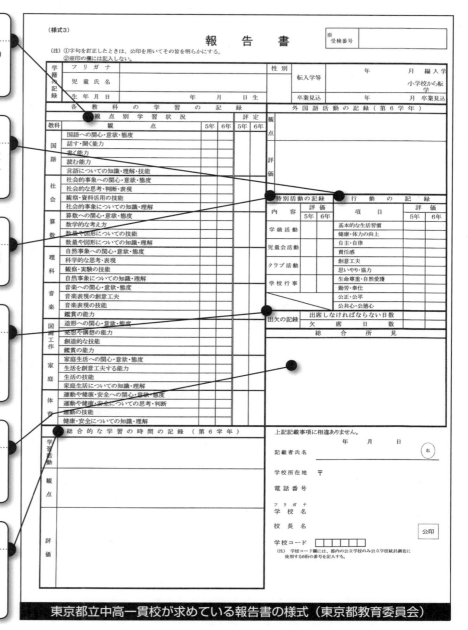

（白様式１）

※受検番号	

志　願　理　由　書

平成26年　1月　20日

東京都立白鷗高等学校附属中学校長　殿《どの》

サクセス　小学校

氏名　早稲田 花子

私が、貴校《きこう》を志願する理由は次のとおりです。

志願する理由	私は音楽が大好きです。日本の伝統文化に力を入れている学校なので、日本の伝統音楽の良さを勉強したいです。
６年間の中高一貫教育《ちゅうこういっかんきょういく》の中で取り組んでいきたいこと	音楽の授業で三味線を勉強できるのでじょうずにひけるようになりたいです。
将来の夢や希望	音楽をつうじて日本の良いところを世界に紹介する仕事をしたいです。

私が、小学校で取り組んできたことは次のとおりです。（第５学年、第６学年の活動を中心に記入すること）

小学校で特に力を入れて取り組んできたこと（○で囲む）	学級活動　児童会活動　クラブ活動（○）　学校行事（○）
その内容及《およ》び白鷗中学校に特に伝えたいこと	音楽クラブの部長でした。運動会の演奏ではみんなの力がまとまりとてもうれしかった。
好きな教科（○で囲む）	国語（○）　社会（○）　算数（○）　理科（○）　音楽（○）　図画工作　家庭（○）　体育
校外での活動	町内会の子どもクラブでリサイクル活動

趣《しゅ》味《み》や特技	ピアノ、読書

（注意）志願者本人が鉛筆等《えんぴつとう》で、はっきりと書いてください。

平成26年度東京都立白鷗高等学校附属中の例（弊誌編集部作成）

受検番号欄は書かない

受検番号欄は学校が記入しますので、なにも書きません。受検生本人が書くので、思わず数字などを入れないよう、注意しましょう。

漢字は正しくていねいに

漢字を正しくていねいに書きましょう。とくに小学校で習った漢字は送りがなも正しく送りましょう。

記入欄の８割以上を埋める

記入欄に書く文字数は８割以上、はみだすことなく埋めましょう。ここでも文字はていねいに。

がんばったことを具体的に

小学校でとくに力を入れてきたことについて、具体的に、どんなことをがんばったのかが伝わるように書きましょう。

さて、「志願理由書」を首都圏で採用している各校とも、志願者本人が記入することを求めています。このような書類の記入は、小学生本人にとっては初めてという場合がほとんどでしょう。ですから、ここでは親もいっしょに書くという姿勢こそが大切です。記入する内容についても「なぜこの学校を志望するのか」について、よく家族で話しあっておきましょう。

それだけに、早めの準備が必要です。余裕をもって対応しましょう。また、記入間違いや書き損じはどうしても起こります。コピーによる下書きも必要ですし、願書類は2通取得しておくことも大切です。もしものときには最初から書き直しましょう。ほとんどの学校で、各校のホームページからダウンロードできるようになっていますので、それを下書き用に利用するとよいでしょう。

ていねいに、しっかりとした文字で書くことも望まれます。もし、何度も書き直して、子どもの根気が途切れたと感じたら、日を改めた方がよい結果となります。

さて、この志願理由書が合否にどの程度影響するかですが、これはそれほど大きくはない、強いていえばほとんど関係ない、と言ってよいでしょう。

志願理由書を求めている学校は、ほとんどが面接を行っていることから、面接の際の材料になる資料という捉え方が適切かと思われます。

その日　お子さまにかけてあげたいひと言

受験当日の声かけマジック

受験が近づいてきました。そんないま、お父さま、お母さまからの質問で多くなってくるのが「試験の当日、どんな声かけをしたらいいのでしょうか」というご心配です。じつは、自らのお子さまの性格は、そのお父さま、お母さまが最もよく知っておられるのですから、その答えも、ご自身がいちばんわかっているはずなのですが、やはり心配になるもののようです。ここでは、中学受験の先輩パパ、ママたちから聞いたお話をもとに受験当日の「声かけマジック」と題して、どんな言葉を受験生にかければ効果的なのか、を考えてみます。

いつもと変わらぬ家族のムードそのままに

受験当日に最も大切なことは、お子さまがリラックスして入試会場に向かうようにすることなのはおわかりでしょう。ですから、ふだんと同じように接してあげることがとても大切です。お子さまが持てる力を発揮できることを信じて、温かく送りだしてほしいと思います。さらには、「よし、やるぞ」「大丈夫！」と自らモチベーションを高めて学校に向かってくれれば、それで成功です。

試験の日だからといって、特別にちがったことをやったり、朝からごちそうだったりする必要はありません。そんなことをすれば、受験生をかえって緊張させてしまったりします。

さて、当日、自宅をでる前や、入試会場で保護者と受験生が別れる直前に、親は子どもにどんな言葉かけをしたらよいのか、保護者はご心配かもしれません。

要は、本人がリラックスして入試会場に向かえるように、「ふだんどおり」を心がければよいのです。

試験にはお母さまがついていき、お父さまは会社に、という場合もあるでしょう。お父さまは玄関で声をかけることになります。そんなときのお父さまは「いつもどおりにな」のひと言でよいのです。

入試会場で別れるときのお母さまにしても、具体的には「がんばれ」の言葉よりも、満面の笑顔で「大丈夫よ」といってあげた方がどんなに力になるかわかりません。

お子さまは、赤ちゃんのときからご父母の笑顔に誘われ、「安心」を身体全体で感じて、笑顔を返してくれましたよね。まさにその笑顔がお子さまのリラックスを呼び、いつもと変わらない精神状態で試験に向かわせることができるのです。そのやりとりは、これまでの12年間、親子のきずなとなってお子さまの身にしみついています。身体で心で、それを思い出させてあげればよいのです。

では、具体的にどんな言葉をかけてあげたらよいのかですが、それぞれのお子さまにあった言葉があるはずです。まずはそれを考えましょう。

「試験問題を楽しんできてね」という声かけをしたかたもおられます。「大丈夫、これまであなたはがんばってきたのだから」と声をかけたかたもいます。「ここで待ってるからね」という言葉で安心感を与えたかたもいらっしゃいます。

親子が別れるところは事前に知っておくこと

さて、入試当日、保護者がどこで受験生と別れることになるのかは、学校によってちがいます。

心の準備が足りず、いつのまにか別れてしまい、声をかけられず、子どもの背中しか見られなかった、というのではお父さま、お母さまにも悔いが残ります。

　その志望校の先輩受験生や塾の先生に、どこで親子が別れることになるのか、を聞いておくに越したことはありません。あわてていると「言葉足らず」になりがちで、保護者にとっても心残りにもなります。

　さて、そのときかける言葉はどんなものになるでしょう。イメージできてきましたか。

　「がんばってね」「しっかりね」「ベストをつくせばそれでいいのよ」など、短い言葉しかかけられないかもしれませんが、心がこもっていればそれでいいのです。

　お子さまの心には、じゅうぶん響くはずです。

満面の笑顔がなによりの贈り物

そのとき、お父さま、お母さまは、会場に向かうお子さまの背中を、まさに万感の思いで見送られることでしょう。まだ合否がでているわけでもないのに、この2年、そしてこの1年、さらにこの1カ月のお子さまの努力や、ともにした苦労が、まさに走馬燈のようにめぐって、目頭が熱くなることもあるでしょう。

　お子さまの成長をしっかりと感じとれる瞬間でもあります。もう胸がいっぱいです。

　結局は結果はどうあれ、「きょう、すべてをだしきってきなさい」という思いを笑顔にこめましょう。それが声かけの極意です。

　そして、入試を終えて、待ち合わせ場所に現れたお子さまがどんな表情をしていようと、また、満面の笑顔で迎えてあげてください。

試験中のアドバイスは前日のうちにすませる

　さて、当日の「声かけ」に最後のアドバイスをしたお父さま、お母さまもおられます。それは、

「いつもどおりにやるのよ」

「全体をサッと見て、やさしい問題からやるのよ」

「むずかしい問題はあとまわしにね」

「最後の最後まで絶対に諦めちゃダメよ」

「ひとつの科目で失敗しても、つぎの科目でがんばればいいからね」

「むずかしいと思う問題は、ほかの子にとってもむずかしいのよ」

「休み時間に友だちが話しかけてきても、終わった問題のことは話をしないようにね。つぎの科目のことを考えなさい」

「満点はいらないのよ。60%の正解でじゅうぶんなんだから」

などといった言葉かけです。

　しかし、これらのすべてを口にだすわけにもいきません。せいぜいこ

のうちのひとつしか言葉にできないのではないでしょうか。

あまりにたくさんの細かなことを声にすれば、受験生本人にプレッシャーをかけてしまうことにもなりかねません。

だとすれば、試験に際して注意すべきこのようなことは、前日の晩にでも互いに確認しながら声にだしておき、当日の別れ際には、そのうちのひとつを口にしておけば、昨夜注意しておいたことがお子さまの胸にすべてよみがえるはずです。

これらのことは、お子さまがこれまでの模擬試験などで失敗したことを参考に箇条書きにしておけばよいと思います。

つぎにその例を列挙しておきます。

◇

①受験票の番号を確認しながら、受験番号を記入すること。

②試験官の「はじめ、やめ」の指示に確実に従うこと。

③消しゴムや鉛筆を落としたときには、手をあげて指示を受けること。

④机の上には、必要なものだけ置くこと。

⑤最初の1～2分間、問題にざっと目をとおし、できると思った問題からやること。

⑥それぞれの問題にかける時間を配分してから、問題を解き始めること。

⑦落ちついて問題を読み、どのような条件があり、なにを求められているのかがわかってから解き始めること。

⑧条件や求められていることに線を引いたり、印をつけること。

⑨わからないと思ったら、すぐに気持ちを切り替えて、別の問題に移ること。

⑩1問終えるごとに時計を見て進みぐあいを確認し、時間配分のやり直しをすること。

◇

少し考えるだけでも、これほどたくさんのアドバイスができてしまいますが、前日に頭に入れておけば、当日はこのうちのひとつだけ「声かけ」すればよいのです。

昨年のある受験生は、受験当日、お母さまに「落ちついて問題をよく見直してね、と言われていて、試験の途中で問題読み取りの間違いに気づきました。感謝しています」とアンケートにメモしてくれました。

入試当日までできたら、もう、やるべきことはすべて終えています。あとは「なにが起きても大丈夫」とデンと構えて、お子さまとお話ししましょう。

そして笑顔で、緊張をほぐしてあげましょう。ご家族が笑顔を見せれば、本人にも余裕が生まれます。

もうおわかりでしょう。このコーナーのタイトル「**声かけマジック**」の「**マジック**」とは、そう、その「**笑顔**」なのです。

本番へのラストスパート

受験直前の時期に保護者はなにをすべきか

中学受験まであとわずかとなりました。
最後の最後まであきらめずに、合格めざして
全力をだしきってほしいと思います。
あとひと踏ん張りです。
そこで、受験直前、保護者、受験生は
なにをすべきか、について考えてみました。

産経新聞編集委員
大野　敏明
産経新聞編集委員。『フジサンケイ　ビジネスアイ』に「がんばれ中学受験」と題して24回の連載記事を執筆。自身も男児ふたりの中学受験に寄り添った経験あり。

1 受験前1カ月から直前まで

中学、高校、大学、どこも同じですが、受験は平常心でのぞみ、日ごろの実力が発揮できれば、合格はじゅうぶん可能です。まして中学受験は、それまでの模試などにより、塾と家庭、受験生がよく話しあって、合格可能性のある学校を受験しているはずですから、偏差値が届いている学校なら、実力さえ発揮できれば、合格は堅いと思っていいでしょう。ですから、平常心がなによりも大切ということになります。

復習に重点をおいて勉強

最後の1カ月は復習に重点をおくことをおすすめします。むずかしい問題にチャレンジしたり、しゃにむに暗記の幅を広げようとするよりは、これまでやってきたことをしっかり復習して、確実なものにする方が得策です。

おとなでも試験となれば緊張します。緊張すれば、記憶力は落ち、覚えていたことがすらすらでてこないこともあります。そこで焦ると悪循環に陥ります。受験の最中にパニックになったら大変です。

新しいことを覚えるよりも、これまでの記憶が着実によみがえるような勉強をする方が、確実性が高いと思います。

中学入試にかぎりませんが、入試は総合的な学力をみるものです。これまでの学習に加えて、さらに新しいことを詰めこんで、記憶のキャパシティーを超えてしまっては元も子もありません。

5年生のときにやった分野など、あのときはできていても、いまも覚えているとはかぎりません。もちろん、模試その他で、つねに復習はしているでしょうが、模試にでるのは一部だけ。全体を見回して、もう一回知識を新たにし、記憶のサビを落としておくことが必要です。子どもの記憶力はじゅうぶんに豊かです。テキストを見るだけでも、記憶はよみがえるものです。

算数でも基本的な掛け算や割り算は、いちいち計算しなくてもいいように暗記したはずです。それを確認することも必要ですし、国語の漢字の書き取り、読みなどもおさらいした方がいいでしょう。

最後の1カ月は、復習に重点を置いた勉強を心がけるということです。

受験番号も意外に重要

さて、受験会場の下見です。文化祭や体育祭、オープンキャンパスなどで、すでに見ているとは思いますが、学校が受験会場とはかぎりません。保護者は自宅から受験会場までのルートを確認し、時間を計り、万が一にも遅刻しないようにしましょう。交通機関などに支障があった場合、どのようにしたらいいか、などのシミュレーションも必要かもしれません。

受験番号はなるべく若いものをとることをおすすめします。1番を取ろうと徹夜する保護者もいるそうですが、いくら若い番号といっても1番はちょっと考えものです。縁起をかついでのことでしょうが、1番をとるために、寒空で徹夜して風邪でもひいたら、受験に大きな影響がでます。受験生だけでなく、保護者も健康管理にはじゅうぶんに気をつけたいものです。

また、1番だと、「1番の人から教室に入ってください」などと、受験会場で行動する際、いつも最初に指名されます。これは余計に緊張してしまうかもしれません。

逆に受験番号が後ろの方だと、お試し受験者や、冷やかし受験、あるいはぎりぎりに受験を決断して願書をだした、第1志望ではない受験者が多いことがあります。そういう受験生の多い教室では、緊張感が生まれにくく、なかには試験中にあくびをする受験生もいると聞きます。

ここはなんとしても、全体の3分の1以内ぐらいの番号をとって、第1志望という緊張感のなかで受験することが望ましいのです。

倍率は気にしすぎない

願書の受付が始まると、学校や塾は毎日、ホームページで倍率を発表します。それを見て保護者、受験生は一喜一憂します。

しかし、倍率にこだわる必要はまずありません。発表される倍率は実質的な倍率ではないからです。仮にどのような倍率になろうと、偏差値が足りていれば、合格の可能性はじゅうぶんにあります。

ある中学校の3回目入試の募集人員は40人でした。受験者は６００人を超えました。倍率は15倍以上。受験会場で15人にひとりしか合格しない、と思った瞬間から身がすくんで硬くなってしまいます。

これでは実力は発揮できません。その学校の場合、実際に受験するのは４５０人程度、合格するのは倍の80人以上。実質倍率は5・65倍です。それでも5倍以上あるではないか、と思ってしまうでしょう。

ですが、もし偏差値が足りてさえいれば、実質倍率は2倍以下と思っていいのです。３００人以上は偏差値が足りていないにもかかわらず、チャレンジで受けているのです。あきらめてはだめです。

2 入学試験の前日と当日

なるべくふだんどおりに

受験前日も当日も平常心を乱す行為は厳禁です。

前日に「出陣式」などと称して、特別なことをする家庭もあると聞いたことがありますが、感心しません。受験前日に、特別メニューのご馳走をしたり、家族総出で外食したりして、受験生を激励する家庭があるそうですが、やめた方がいいです。

受験前日は、保護者も緊張しますが、受験生の緊張はそれ以上です。その緊張をほぐそうとしての特別メニューや外食でしょうが、受験生は保護者の期待をひしひしと感じ、ますます緊張し、食欲も高まりません。

逆に食べすぎておなかがいっぱいになったりすると、健康状態を損ないかねません。受験当日に胃もたれしてしまっては本末転倒です。あるいは気合いを入れる儀式をする家庭もあるかもしれませんが、受験生は子どもですから、かえって緊張をあおることになります。

リラックスのために、受験前日、いっさい教科書もノートも開かないのもよくありません。いつものとおり、学校から帰っても、受験する科目の教科書や問題集を開き、緊張感を持続させることです。

受験の前日、学校を休むか休まないか、という問題があります。人によってちがうでしょうが、私個人は第1志望校受験の前日は学校を休み、午前中は自宅などで勉強し、午後から塾へ行って、士気を高めるのがいいのではないかと思います。しかし、本人が学校へ行きたいといえば、行かせた方がいいですし、かなり疲れ気味なら、学校にも塾にも行かずに、家でリラックスして勉強をするのがいいでしょう。

「最後まであきらめずに全力で。あなたならかならず受かる」と激励することです。ただし、「万が一のことがあっても、それはそれで仕方がない。一生懸命やったことが大事」と付け加えることも忘れずに。

当日に注意すべきこと

受験当日はどうしたらいいでしょう。過度に声をかけたり、いつもとちがうことはしないことです。「リラックスしてがんばって」ぐらいがちょうどいいのではないでしょうか。

もちろん、当日は早めに受験会場に行きます。電車の遅れなど、思わぬアクシデントに備えて早めに行動しましょう。早く行った方が、受験生も余裕が持てます。ぎりぎりに到着すると、それだけで精神的にプレッシャーを感じてしまいます。

保護者は受験会場までいっしょに行くのがいいと思います。なかには父母、祖父母、さらには弟妹などが会場まで付き添って、会場に入る受験生にエールを送ったりする光景が見られますが、いかがなものでしょう。保護者ひとりが付き添い、受験生には「試験が終わるまで、保護者控え室にいるからね」と伝えればじゅうぶんだと思います。

受験生といってもまだ小学生です。見知らぬほかの受験生のなかでは、孤独を感じるでしょう。そんなとき、お父さんかお母さんから「控え室にいるから」と言われれば、心強くなるものです。

受験会場では、「流れに乗る」ことが大事です。試験が終わって学校をでるまで、全体の流れのなかで行動するのが楽です。みなが集まって昼食をとるなら、そうすればいいし、各自がひとりで食事をするなら、自分もそうしたらいいでしょう。

3 入試が終わったときは

つぎの試験に備える

受験生は、受験が終わると、どっと疲れがでます。しかし、まだ他校の受験が控えているかもしれません。緊張感を持続し、疲労を残さないようにすることです。

むずかしいのですが、家に帰ったらリラックスをして、勉強は参考書をめくる程度でいいと思います。

終わった試験問題を解き直すなどはやめた方がいいでしょう。まちがいを発見して気分が落ちこんでやる気をなくしかねません。

「試験はどうだった」などと聞くのもいけません。終わった試験は忘れることです。

受験を終えた日の夜に、遅くまで勉強する受験生もいますが、じゅうぶんな休養と睡眠が、勉強にまさることはいうまでもありません。

不合格だった場合には

合格発表は、いまはインターネットで見られることが多いのですが、仮に合格が得られなくても、その場で保護者が悲嘆にくれたり、騒ぐのは厳禁です。

不合格となれば、保護者以上に受験生はショックを受けます。そのときに、親から叱られたりなじられたりしたら、受験生はいたたまれなくなり、心に大きな傷を負います。そうなってしまったら、なんのために受験をしたのか、ということになります。

「あなたはじゅうぶんにがんばったよ。この経験は人生におおいにプラスになるからね」と心からほめてあげることです。事実、そのとおりになるはずです。

近年では、ホームページ上での合格発表もめずらしくなくなりました。しかし、インターネットを使わず、掲示板でのみ合格を発表する学校もあります。

その場合、発表を見に行く際は、大きめのカバンなどを持参することをおすすめします。

合格者は窓口で入学手続きに必要な書類を受け取ります。合格者が「入学手続」と書いた大きな封筒を持っているとき、自分は不合格でなにも持っていないと、みじめに感じられるものです。そういった気配りも必要でしょう。

4 とにかく健康第一で

健康管理が大切

最後に健康第一です。

複数回受験をする場合、もし、前日や当日に熱がでたりしたら、残念ですが、受験をあきらめる勇気も必要です。そこで思いきって休んで、つぎの受験に備えるのです。

もし、無理をして受験をさせてこじらせると、その後の受験すべてに響いてきます。

また、第1志望校受験の日に、インフルエンザで高熱がでてしまったら、これまでの苦労が報われません。くれぐれも用心してください。早めに予防注射を受けておくなど、予防対策はじゅうぶんに気をくばってください。塾に行くのに電車やバスを利用する場合は、かならずマスクをし、受験の2週間前くらいからは、学校でもマスクをするくらいの用心深さが必要です。

最後まであきらめずにがんばってください。

さらなる進化へ！ 開智未来中学・高等学校

さいたま市開智学園の教育開発校として、ハイクオリティー・グローバリゼーションを追究する学びを実践！

NEXT MIRAI「T未来クラス」新設

開智学園の教育を開発する

開智未来は、これまで開智学園が積み上げてきた教育の成果の上に、さらに「知性と人間を追究する進化系進学校」として、新しい教育実践を開発して子どもたちを伸ばし、その成果を地域および全国に発信し社会に貢献する学校を目指します。

校長自らが行う哲学の授業、環境未来学、未来型知性を育成するIT教育、論理的思考力を高める論理エンジン、コミュニケーション型知性を育む学び合い、学校・家庭・地域連携の共育など、さまざまな教育活動を開発し、発信していきます。

T未来クラス新設 定員増135名へ

開校3年目を迎えた開智未来では、埼玉県の広域と隣接する栃木県・群馬県・茨城県から、また千葉県・東京都から入学生が集結し、「関東の新鋭一貫校」として地域の注目を集めています。

「未来クラス」は、より質の高い集団でより質の高い授業を行い一人一人の能力をさらに伸ばすことを目的としたクラスです。東大を始めとする旧帝大、早慶等、最難関大学進学を目指します。「開智クラス」は、開智未来の充実した教育により一人一人の実力を確実に、そして、ていねいに育てるクラスです。国公立大学、難関私大進学を目指します。また、学年ごとにクラスの入れ替えを行います。

3期生は募集定員108名に対し131名が入学、未来クラスを1クラス増の2クラス編成としました。26年度入試では、特待生を中心とした「T未来クラス」を新設し、より意識の高い集団で、「T未来プロジェクト」を実践し、国際社会に貢献するリーダーを育成します。

4つの知性を育てる 開智未来の教育

最難関大学合格を可能にする学力、そして、生涯にわたって発揮される学力を育成するために「4つの知性の育成」を謳《うた》っています。4つの知性とはIT活用力などの未来型知性、里山体験やカナダ環境フィールドワークなど体験や行動を重んじた身体型知性、暗誦教育に代表される伝統型知性、そして、対話的授業や生徒どうしの学び合いによるコミュニケーション型知性で、それらの知性をバランスよく磨き上げる授業を目指しています。

学びのスキルを鍛え 志を育てる教育の徹底

6つの授業姿勢を徹底し、3つの学びをバランスよく行います。

6つの授業姿勢とは、①授業のねらい

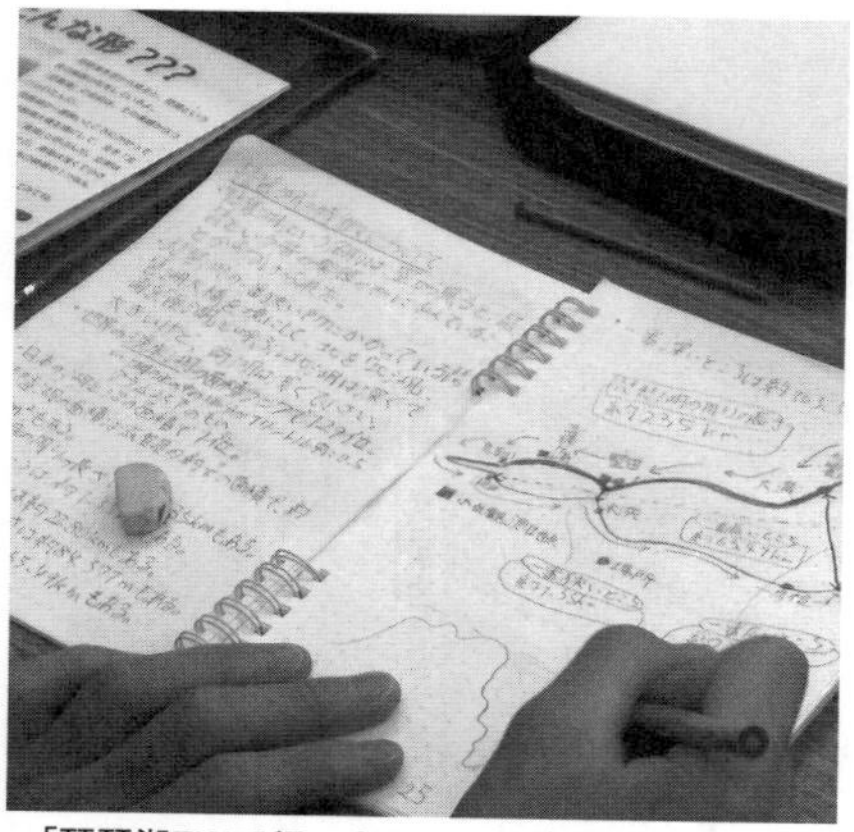

「琵琶湖FWで行った200ページのメモノート」

◆入試問題解説会（予約不要）

開催日	時間	内容	バス運行
11月16日(土)	10:00～12:00	・4教科アドバイス ・各回入試傾向 ・小学生サプリ「アウトプット編」 ※2回の内容は同じ	加須駅北口発 9:10 栗橋駅西口発 9:20 終了後も運行あり
11月30日(土)			

◆クリスマスサプリ（ホームページからの予約制）

開催日	時間	内容	バス運行
12月 7日(土)	10:00～12:00	・国算実戦演習と解説 ・クリスマスサプリ「受験編」 ・親サプリ講座 ・ミニ説明会(初めての方向け)	加須駅北口発 9:10 栗橋駅西口発 9:20 終了時も運行あり
12月14日(土)			
12月23日(祝)			

を確認する、②主体的にメモを取る、③授業に参加する・反応する、④明瞭な発声・発言・発表をする、⑤意欲的に質問する、⑥学習したことを振り返る、です。開智未来では「ねらい、メモ、反応、発表、質問、振り返る」を暗唱して全員がすべての授業でできるようにしています。

また、生徒が伸びるためには「教わる」「自ら学ぶ」「学び合う」の3つの学びをバランスよく行うことが大切です。そこで、授業の中に「自ら学ぶ（思考させる）」と「学び合い」を適度に、適切に取り入れます。

「関根校長自ら行う哲学の授業」

関根校長の哲学の授業

開智未来では、関根校長自らが週1時間、「哲学」の授業を行っています。「人間が育つから学力が伸びる、学力が伸びるから人間が育つ」というサプリの考えに基づき、6年間を通して「学びのスキル」や「人のために学ぶ志」を育てます。

校長は東京大学で教育哲学を学び、公立高校教員となり51歳で校長の職を辞して開智高等学校校長を2年間務めた後、開智未来中学・高等学校の校長となりました。毎回の説明会で実施している「小学生サプリ」を体験し、「開智未来で校長先生の哲学を勉強したい！」という小学生も多くいます。

自ら学ぶ未来生

開智未来の生徒たちは自主的によく学びます。特に朝の始業1時間前には多くの生徒が登校しそれぞれに朝学習を始めます。校内にはオープンスペースの職員室があり、わからないことは気軽に先生に質問できます。「学び合い」で、友達同士机を並べて学習する生徒たちや、大教室の「アカデメイア」では関根校長と机をともに朝から独習する生徒たちが集います。

「里山FWの発表」

偏差値10アップのサプリを説明会で実施

開智未来では、「育てる生徒募集」という取り組みを行っています。昨年度は説明会や各地域で130回を超えるサプリを実施し、小学生と保護者の方および教育関係者の方に、校長自らが開発した「小学生サプリ」・「親子サプリ」・「受験生の親サプリ」等を体験していただきました。今後も入試問題解説会、クリスマスサプリと、その時期にふさわしい内容を準備しています。「伸びたい生徒、伸ばしたい教員、伸びてほしいと願っている保護者の気持ちが1つになった学校」、それが開智未来のスローガンです。

トップの学びを体感！ T未来プロジェクト

T未来プロジェクトでは、入学前にもホームページ上に「T未来教室」を開校し、受験生の意識を高めます。

入学後朝のホームルームは英語で行い、中学2年で英検2級の取得を目指します。オーストラリアの語学研修やカリフォルニア大学バークレー校の大学研修に希望者は参加でき、高校2年ではアメリカ探究フィールドワークに全員参加するなど、グローバルな学びを体感します。

また、数学の中学1年からの「プルアップ講座」をはじめ、中学2・3年に実施する校長の「東大ゼミ」、高校2年後半からの「最難関大学受験講座」、高校3年生の「T未来哲学講座」など、他校にはないハイクオリティーな教育を準備しています。

本気で伸びたいと思っている人だけに来てほしい

開智未来中学・高等学校

【スクールバス運行】
- ○JR宇都宮線・東武日光線「栗橋」駅～約18分
- ○東武伊勢崎線「加須」駅～約25分
- ○東武伊勢崎線「羽生」駅～約30分
- ○JR宇都宮線「古河」駅～約20分
- ○26年4月よりJR高崎線「鴻巣」駅からスクールバス運行が決定しました。

3期生131名入学（募集定員108名）

所在地　〒349-1212 加須市麦倉1238　http://www.kaichimirai.ed.jp/
TEL0280-61-2021

入学願書
書き方講座

○月○日曜

入学願書は、志望する学校へ入学したいという意思を伝えるための重要な書類です。中学受験においては、受験生本人ではなく保護者のかたが記入します。ミスなく記入し受験へのいいスタートを切りましょう。

Lesson 1　準　備

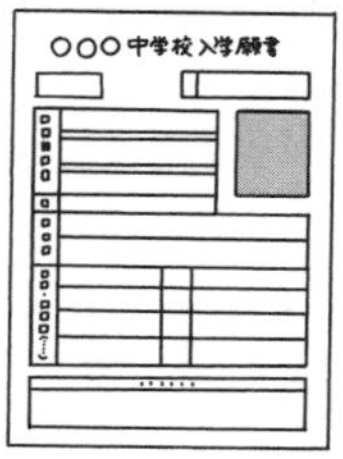

〈 願書 〉

第1、第2希望という受験が決まっている学校だけでなく、受験する可能性がある学校のものは事前に入手しておきましょう。

学校説明会やオープンキャンパスで訪れた学校は、たとえ受けるつもりがないと感じていたとしても、万が一に備え願書はもらっておきましょう。

〈 筆記用具 〉

学校の指定があれば、それに従います。指定がなければ、青・黒のボールペン、または万年筆を使用します。同じものを2、3本用意しておくと安心です。

〈 写真 〉

スピード写真の可否、サイズ、撮影時期の指定などは、学校によって異なりますので注意しましょう。必要枚数よりも多めに用意しておくといいでしょう。

〈 学校案内 〉

ほかの学校と混乱することのないように、もう一度よく読み、志望動機を書く際も手元に置いて参考にしましょう。

〈 印鑑・朱肉 〉

スタンプ印は避け、朱肉を使用する印鑑を準備しましょう。

Lesson2 記入の前に

募集要項にもう一度目を通します。他の学校と混乱しないように注意してください。まずはコピーしたもので練習します。その際に、文字の大きさや文章量、全体のバランスを確認しましょう。

Lesson3 願書記入

楷書でていねいに

どの学校においても、字のうまい下手が合否に影響することはありませんが、見た目がきれいであることに越したことはありません。1字1字心を込めてわかりやすくていねいに書きましょう。

文体の統一

志望動機など、ある程度の長さのある文章は、基本的に「です・ます調」で統一します。「だ・である調」は、読む人に高圧的な印象を与えかねませんので避けた方がよいでしょう。

不明点の問合わせ

願書を記入している際に、不明な点があれば学校に直接問い合わせましょう。それで不利になることはけっしてありませんのでご安心ください。学校は親切に教えてくれるでしょう。

まちがえたときもあわてない

まちがえてしまったときは、基本的に修正液や修正テープなどを使わずに、二重線を引き訂正印を押します。募集要項に訂正方法が記載されている場合もありますので、確認しましょう。

余白はつくらない

志望理由などの文章を書く際は、枠からはみださないことはもちろん、できるだけ余白をつくらないようにしましょう。枠を有効に使い、入学への熱意をしっかり伝えてください。

POINT

- 文章を書く欄に線がない場合には、えんぴつで薄く線を引いてから記入し、完全に乾いた後、消しゴムで消すとよいでしょう。
- ミスを減らし、ていねいに書くためには、時間のあるうちに余裕をもって、1校ずつ書いていくのがコツです。
- 書きなれている氏名や住所は気が緩みがちです。気を抜かず、ミスをしないようにしましょう。
- 受験校が多い場合は、保護者のかたで分担して書くのもよいでしょう。

❶ 受験回

受験回ごとに願書の用紙がちがう場合や、受験科目を選択させる場合があるので、学校ごとによく確認しましょう。

❷ 志願者氏名・ふりがな

氏名は略字などは使わずに、戸籍上の漢字で記入しましょう。ふりがなは、「ふりがな」ならひらがなで、「フリガナ」ならカタカナで記入しましょう。くれぐれもふりがなの書きもれに注意しましょう。

❸ 生年月日

西暦での表記か、元号での表記か注意してください。

❹ 現住所

志願者本人が現在住んでいる住所を、番地や部屋番号まできちんと記入しましょう。調査書などほかの書類と同じ住所にします。

❺ 写真

スピード写真やスナップ写真ではなく、専門店で撮影した証明写真を使用するようにしましょう。学校によって、サイズや撮影時期などの条件が異なりますので、確認して指定されたとおりにします。念のため、必要枚数よりも多めに準備しておきましょう。写真の裏に氏名と住所を書いておくと、万が一願書からはがれてしまっても安心です。また、眼鏡をかけて受験する場合は眼鏡をかけて撮影しましょう。

❻ 印鑑

押し忘れが多いので注意しましょう。朱肉を使用する印鑑を使います。印がかすれないよう、下に台紙などを敷いてからしっかりと押しましょう。

❼ 保護者の現住所

「志願者本人の住所と異なる場合のみ記入」と指示があれば、未記入でかまいません。指示がない場合は、「同上」と記入するか、再度記入しましょう。単身赴任で住所が異なる場合はその旨を記入します。

❽ 緊急連絡先

受験中のトラブルはもちろん、補欠・追加合格など学校からの緊急連絡時に必要となりますので、確実に連絡が取れるところを書いておくのがポイントです。保護者の勤務先を記入する場合は、会社名・部署名・内線番号まで書いておくと親切でしょう。最近は、携帯電話でもかまわないという学校も増えています。その場合には所有者の氏名と続柄も記入しましょう。

❾ 家族構成

指示がなくても、本人を書く欄がなければ、本人以外の家族を記入するのが一般的です。書く順番は、父、母、兄、姉、弟、妹、祖父、祖母としますが、募集要項のなかに明記されている場合もありますので、指示に従ってください。名字は全員省略せずに書きましょう。また、家族の続柄は志願者本人から見た場合が一般的ですが、まれに保護者から見た続柄を書かせる学校もありますので確認が必要です。

❿ 志願理由

記入例Aのようなアンケート形式や、ある程度の文章量で書かせるなど、学校によって異なります。

記入例A

入 学 願 書

平成26年度
○○○○中学校

❶ 第1 回入試用（試験日2月1日）

受験番号 ※

入学志願者	❷ ふりがな	ごう かく た ろう
	氏 名	合格 太郎
	❸ 生年月日	平成 13 年 5 月 19 日
	❹ 現住所	〒101－0000 東京都千代田区 ○○○ 2－4－2
	電話	03 － 0000 － 5944
	在籍小学校	東京都千代田区立 ○○ 小学校 平成 20 年 4 月 入 学
		東京都千代田区立 ○○ 小学校 平成 26 年 3 月 卒業見込

❺ 写真貼付（縦5cm × 横4cm以内） 正面・上半身・脱帽 カラー・白黒いずれも可 裏面に氏名記入

			年 齢	志願者との続柄
保護者	ふりがな	ごう かく すぐる		
	氏 名	合格 優 ❻ 印	45	父
	❼ 現住所	<志願者と異なる場合のみご記入ください>		
	❽ 自宅以外の緊急連絡先	父の勤務先 03 － 0000－1234 株式会社 ○○ 出版		

❾

家族・同居人（本人は除く）		氏 名	年 齢	備 考
	保 護 者	合格 優	45	御校の卒業生です
	母	合格 秀子	42	
	妹	合格 桜	9	

❿

志 願 理 由
（教育方針）・（校風）・ 大学進学実績 ・ 制服 ・ しつけ ・ 施設環境
（家族に卒業生）／ 在校生がいる ・ その他（ ）

※この欄の記入は自由です。記入されても合否には一切関係ありません。。

通っている塾の名前を記入してください。	
○○○○○○	

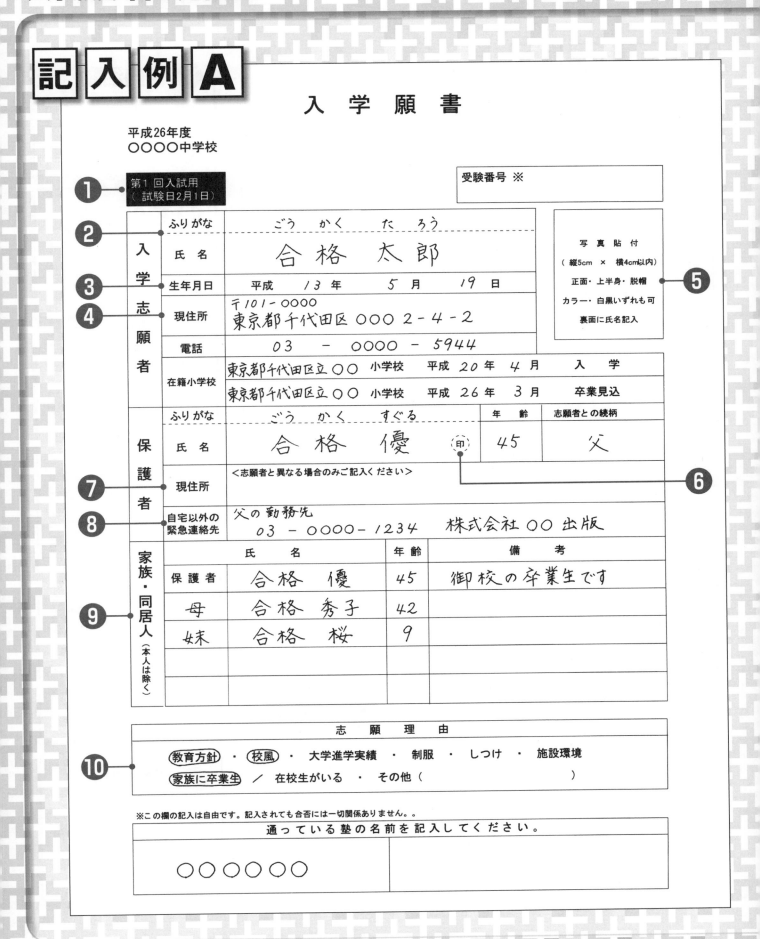

記入例B

志願者氏名	合格 のぞみ

⑪ 校内活動	部活動	ミニ・バスケットボール部
	クラス・生徒会での役員名	学級委員（小4／小5） 児童会副会長（小6）
⑫ 校外活動	出場・出品の大会名その成績	ミニ・バスケットボール K市大会準優勝（小5） 全国児童読書感想文コンクール入選（小6） 東京都下水道ポスターコンクール佳作（小5）
	学校生活以外の所属団体名および活動内容	「多摩川を守る会・少年少女部会」会員 地域のボランティアとして多摩川の自然を保持するために流域の清掃活動などを定期的に行っています。
趣味・特技・資格		ピアノ演奏 漢字検定3級（小5時に取得）

⑬ 志望理由	小学校5年生のときから、本人が御校学校説明会やオープンスクールなどに参加させていただきました。そうした折りに在校生のみなさんに接し、「ぜひ、この学校で勉強してみたい」という強い希望をいだくようになりました。両親としても、先生方のお話をお伺いする過程で御校の教育方針に共鳴し、ぜひ娘にこうした良好な教育環境のもとで中学高校時代を過ごさせてやりたいと念願しております（母記入）。

⑪ 校内活動

書ける範囲でかまわないので、できるだけ記入するようにしましょう。

⑫ 校外活動

小1～小6までで該当する活動があれば記入しましょう。

⑬ 志願理由

文章は枠からはみださず、なるべく枠を満たすように書きましょう。学校の先生が目をとおすものなので、文体は「です・ます調」にします。入学したい熱意を学校に伝えるべく、学校の教育方針についての共感や、説明会などで学校に足を運んだ際に感じた率直な気持ちを綴ってください。どう書けばいいかわからなくなってしまったときは、その学校のどのようなところがいいと感じたのか思いだしてみましょう。

記入例C

平成26年度○○○○中学校入学願書

第1回入試用（試験日2月1日）

受験番号

志願者	ふりがな	ごう かく た ろう
	氏名	合格 太郎
	生年月日	平成 13 年 5 月 19 日
	現住所	〒101－0000 東京都千代田区○○○ 2-4-2 TEL 03（0000）5944
	在籍小学校	東京都千代田区立○○小学校 平成 26 年 3 月 卒業見込

写真貼付（縦5cm × 横4cm以内）正面・上半身・脱帽 カラー・白黒いずれも可 裏面に氏名記入

保護者	ふりがな	ごう かく すぐる	志願者との続柄
	氏名	合格 優 ㊞	父
	現住所	<志願者と異なる場合のみご記入ください> TEL （ ）	

自宅以外の連絡先	連絡先	氏名または勤務先（志願者との関係）
TEL・携帯	03 －0000 －1234	○○出版（父）
TEL・携帯	090 －0000 －5678	秀子（母）
TEL・携帯	－ －	（ ）

⑭

平成26年度

受験票

第1回入試用（試験日2月1日）

受験番号	
氏名	合格太郎

平成26年1月　日受付

入学試験時間割

1限	国語	8:45～9:35
2限	算数	9:50～10:40
3限	社会	10:55～11:35
4限	理科	11:50～12:30

受験上の注意
1. 試験当日この受験票をは必ず持参し、8時20分までに入室すること
2. 合格手続の際は、この受験票が必要が必要です。

○○○○中学校

⑭ 切り取り

学校で受付処理がすんだら返却されます。絶対に自分で切り離さないようにしてください。

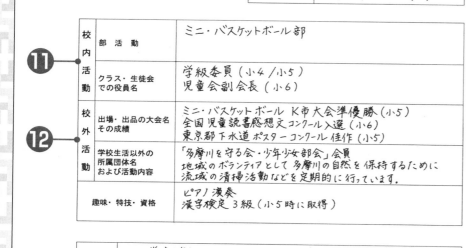

Lesson4 確　認

記入が終わったら、誤字・脱字がないかじっくりと確認します。記入者本人が見直すことはもちろん、第三者にもかならず見てもらいましょう。目が変わることで見つかるまちがいもあります。

意外に多いのが捺印もれです。もう一度よく確認しましょう。

POINT

記入が終わった願書はコピーをとり、１校ずつクリアファイルまたは封筒に入れて保管します。面接のある学校では、願書をもとに質問される場合がありますので、他校と混乱することのないように書いた内容をしっかりと把握しておくことが重要です。

Lesson5 出　願

学校ごとに出願方法は異なります。日程も含め念入りに確認しましょう。

窓口提出

窓口に提出する場合は、その場で願書をチェックしてくれます。ミスがあった場合のために、願書記入の際に使用した筆記用具・印鑑を持参しましょう。土曜や日曜、祝日は受付をしていない場合もありますので、学校ごとの確認が必要です。

持参する際のクリアファイルにも気を配ってください。他校の名前が大きく印字されたものは避けた方がよいでしょう。

郵　送

郵送の場合は、締め切り日「必着」なのか「消印有効」なのかをよく確認します。締め切りに余裕をもって送付すると安心です。

あってはならないことですが、他校の願書を間違えて郵送してしまわないように、封筒に入れる前にもう一度よく確認しましょう。

さあ、願書を提出し、受験票を受け取ったあとは、本番を待つのみです。

世界の星を育てます

中学１年生から英語の多読多聴を実施しています。
また、「わくわく理科実験」で理科の力を伸ばしています。

学校説明会

第4回 11月 9日（土）
14:00～ ［小6対象模擬試験（要予約］

第5回 11月22日（金）
19:00～ （Evening）

第6回 12月15日（日）
10:00～ ［入試問題解説］

第7回 1月11日（土）
15:00～ ［小6対象面接リハーサル（要予約）］

※予約不要
※小6対象模擬試験及び小6対象面接リハーサルの詳細は、各々実施1ヶ月前にホームページに掲載されます。

学校見学

月～金 9:00～16:00
土 9:00～14:00

※日曜・祝日はお休みです。
※事前にご予約のうえご来校ください。

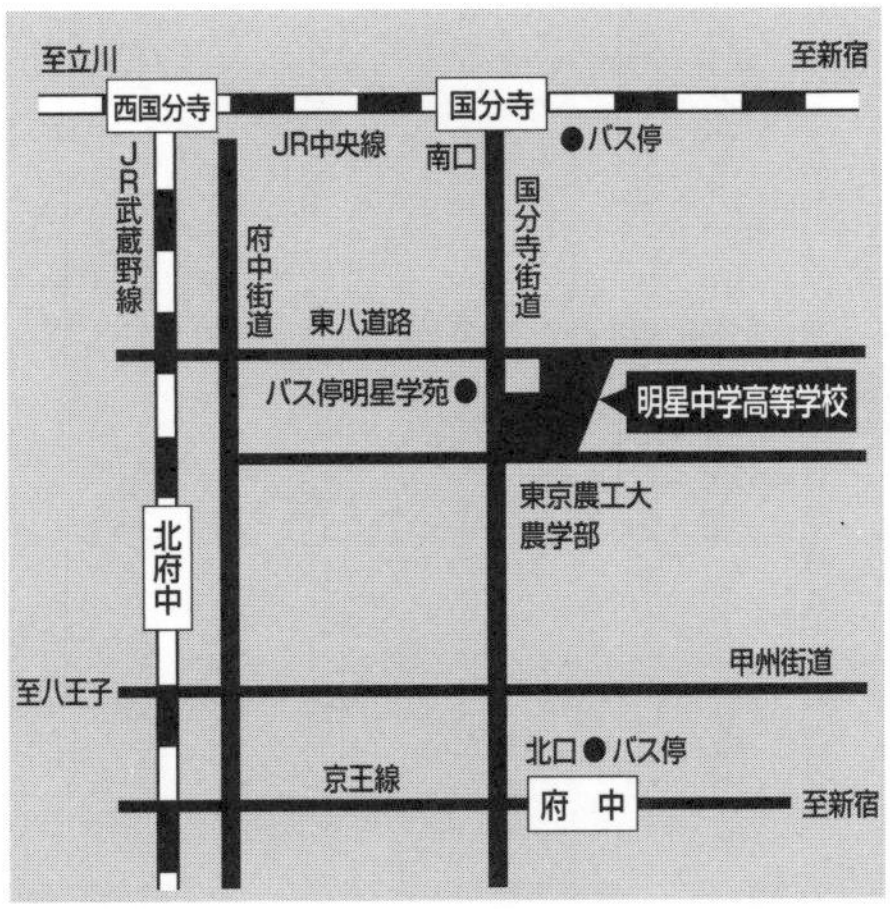

■2014年度
入試要項

	第1回	第2回	第3回
試験日	2月1日（土）	2月2日（日）	2月4日（火）
募集人員	約80名	約10名	約10名
試験科目	国・算または国・算・社・理の選択 面接（受験生のみ）		国・算 面接（受験生のみ）
合格発表	試験当日 16:00～17:00		

ご予約、お問い合わせは入学広報室までTEL. FAX. メールでどうぞ

明星中学校

MEISEI

〒183-8531 東京都府中市栄町1－1 入学広報室
TEL 042-368-5201(直通) FAX 042-368-5872(直通)
（ホームページ） http://www.meisei.ac.jp/hs/
（E-mail）pass@pr.meisei.ac.jp

交通／京王線「府中駅」
JR中央線／西武線「国分寺駅」 ］徒歩約20分 またはバス（両駅とも2番乗場）約7分「明星学苑」下車
JR武蔵野線「北府中駅」より徒歩約15分

鷗《おう》友《ゆう》学《がく》園《えん》女《じょ》子《し》中学校

鷗友学園がめざす 〝グローバル化〟とは

吉野《よしの》 明《あきら》 校長先生

School Data

Address	東京都世田谷区宮坂1-5-30
Tel	03-3420-0136
Access	東急世田谷線「宮の坂」徒歩4分、小田急線「経堂」徒歩8分
URL	http://www.ohyu.jp/

〝グローバル化〟とひと口に言っても、その考え方はさまざまです。かねてから英語教育に定評がある鷗友学園女子がめざす〝グローバル化〟について、吉野明校長先生におうかがいしました。

今、教育界では〝グローバル化〟が大きなテーマになっています。

そのなかでさまざまな動きがありますが、文部科学省が言っているグローバル化とは、「国際社会のなかで、より戦える人材が欲しい」という企業からの要請に応えられるような人材を学生のうちから育てる、という意味です。

しかし、本校が考えるグローバル化とはそういうことではありません。もっと草の根的なものです。たとえば国境線があったとしても、その国境線を超えた人と人とのつながり、関係性を大切にする。そのために、国籍や文化がちがっても、きちんとコミュニケーションをとり、相手のことを理解し、自分の考え方も伝えていく。そして、お互いの立場が分かったうえで、多少の葛藤、ぶつかりあいがあったとしても、それを乗り越えて、新しいものをいっしょにつくっていけるような人材を育成することが〝グローバル化〟、〝グローバル教育〟だと考えているのです。

これまで、本校は高らかにグローバル化を掲げてはいませんでしたが、こうした人材を育てるための教育はずっと行ってきました。

具体的にお話ししますと、30数年前から「カウンセリング」、10数年前から「エンカウンター」、そして今年からは「アサーション」というプログラムを取り入れています。

中1段階から3つのプログラムを実施するなかで、人の話を聞き、理解し、自分の考えを相手にきちんと、しかも相手の気持ちを考えながら伝える力を養います。人間関係をきっちりと結ぶことがまず国際化の第1歩ではないでしょうか。

語学力もしっかりと身につける

もちろん語学力も身につけていきます。本校では中1からオールイングリッシュの授業をずっと行っています。中学3年間で100万語読むことを目標に、原文の童話や絵本を手に取るところからスタートします。生徒たちは、共通語としての英語を「好きで、面白い」という気持ちで学んでくれているので、そうして養った語学力を海外でも使えるようになってくれればいいですね。

実践的に英語を使う場も用意しています。ひとつは、昨年から参加している韓国のハナ高校で行われている国際シンポジウムです。中国・韓国・シンガポールなどの高校生と、あるテーマのもとでディスカッションなどをするプログラムです。ほかにも、アメリカ留学や、別の国への短期留学などの態勢もこれから整えていく予定です。さらに、できるだけ多くの生徒にそういった場を経験させてあげたいという考えから、国内でも秋田の国際教養大訪問など、留学生がたくさんいたり、日常的に英語を体験できる環境を用意しています。

鷗友学園女子は、これまでどおり、人と人との関係づくりがしっかりとできる女性を育てながら、その土台のもとで語学力を身につける〝グローバル化〟を進めていきます。

生徒は楽しみながら英語の多読を進めていきます

これでバッチリ！

面接の受け方

中学入試はほとんどの場合、学力試験の結果で合否が判断されますが、試験に加えて面接を行う学校も少なくありません。面接がある場合、面接の結果は合否にかかわるのか、どんな質問がなされるのかなど、気になることも多いと思います。そんなみなさんのために面接のポイントをご紹介します。

近年の面接試験実施傾向

中学入試では、「面接」を実施する学校が減少してきており、多くの場合、客観的で公平な基準で判断できる学力試験の得点で、合否の決定が行われています。

これは、受験生や保護者の負担を考慮してのことだと言われています。複数の学校を併願する受験生が多いなか、そのつど面接があっては心身ともに負担が大きくなるため、そうした負担を軽減しようというものです。また、面接を実施すると時間的な制約から他校の午後入試が受験しにくくなるということから、面接を行わなくなったという側面もあるようです。

このように、面接を行う学校が減少している流れでも、従来からのポリシーとして、受験生全員を対象に面接を行っている学校もありますので、各学校の実施傾向をよく確認しておきましょう。

受験校の面接の有無、面接の重視の程度など、すでに学校説明会や入試要項で確認されているとは思いますが、本誌82ページ以降の各学校の入試についてまとめた「中学入試知っ得データ」にも面接についての項目がありますので、ぜひ参考にしてください。

さて、その面接について、本誌のアンケートを見てみると多くの学校が「参考程度」と回答しています。時間も長くて15分ほど、5分ほどで終わる短い場合もあります。「参考程度」として面接を行う学校は、受験生をふるいにかけるために面接を行うわけではありません。あくまでも、入学する前に学校を知ってほしい、先生と実際にふれあってみてほしいなどといった思いから行われている場合がほとんどです。また、入学前から志願者と学校側が顔を合わせ、話をすることで、より教育効果を高める目的もあります。

一方で、「面接を重視する」としている学校もありますが、その数はけっして多くありません。そのような学校でも、いちばん重要なのは学力試験の結果で、その結果が合否を大きく左右するといわれています。

ですから受験生のみなさんは、肩に力を入れすぎず、自然体で面接にのぞめばよいのですが、なかには、人前で話すのが苦手だというお子さまもいらっしゃると思います。しかし、そのような子どもたちを数多く見てきた面接官の先生がたは、お子さまの緊張している姿に理解をしめしてくれますから、必要以上に面接対策をしたり、面接があるという理由だけで受験を避けるのはもったいないでしょう。

自分の言葉で話しましょう

面接でどのようなことを質問されるのか、みなさん気になると思います。内容は各校によって異なりますが、多くの学校でだされる質問もあります。

まず、いちばん多く聞かれるのは「志望理由」です。どうしてその学校を志望したのか、という質問ですので、しっかり答えましょう。願書に記入した理由と面接で話した理由がずれていては説得力がありませんので、願書のコピーをかならずとり、面接前に確認できるようにしておきましょう。

そのほか、面接でよく聞かれるとされる質問を左記にまとめましたので、参考にしてください。どの質問も特別なことを聞いているわけではなく、受験生の性格や、日ごろ思っていることを知るための質問ですので、ふだんからお子さまとよく話すことがいちばんの面接対策になるでしょう。

面接の練習として模擬面接を行う学習塾もありますので、そのような機会を活用し、本番前に面接の雰囲気をつかんでおくのもいいかもしれません。

しかし、模擬面接などで面接の練習をしたばかりに、用意してきた答えをきちんと話さなければと焦り、質問が終わらないうちから答え始めてしまったり、聞かれていないことを話したりしないように注意しましょう。

面接でいちばん大切なのは、面接官との会話です。面接官がなにを質問しているのかをきちんと聞き取り、自分の言葉ではっきりと話をしましょう。

つぎに気をつけたいのは、話し方です。話の内容がどんなによくても、友だちと話すような話し方を面接官にしてしまっては、印象が悪くなってしまう可能性があります。こういった言葉づかいは急になおるものではありませんので、友だちや保護者と話す場合と、そのほかのおとなと話す場合とで、言葉づかいを区別するよう日ごろから心がけましょう。

イスに座る姿勢も注意が必要です。ポイントは、あまり深く座らず、背もたれに背中がつかない程度に腰かけ、背筋を伸ばすことです。そして、手は膝のうえに自然に置き、不必要に動かさないようにしましょう。ふだんからこのポイントを意識していれば自然にできるようになるので、面接前から実践してみましょう。

面接はふだんの服装で

学科試験だけでなく面接も実施されるとなると、「どのような服装で面接にのぞめば印象がよいのか」、「周りの受験生とちがう格好だったらどうしよう」、などと受験生の服装についてあれこれ悩む保護者のかたもいらっしゃるでしょう。

しかし学校側は、服装で受験生の印象が変わることはないと明言しており、学力試験後、わざわざ面接用に服を着替えることの方が、かえって不自然に感じるようです。面接があっても服装を必要以上に気にせず、清潔感があり、受験生が実力を出しきれるような服装でのぞみましょう。

それでもどうしても気になるという場合は、男子ではセーターにズボン、女子ではブレザーにスカートという服装の受験生が多いようですので、このような服装でのぞんでもいいかもしれません。

面接での質問例

受験生

・名前と受験番号を言ってください。
・本校の志望理由を言ってください。
・家から学校に来るまでの経路を簡単に説明してください。
・この学校に以前来たことはありますか。
・きょうの筆記試験はできましたか。
・すべての入試が終わったらなにがしたいですか。
・この学校に入学したら、いちばんしたいことはなんですか。
・新しいクラスメイトがいると考えて、自己紹介をしてください。
・本校のほかに受験している学校はありますか。
・長所と短所を教えてください。
・好きな科目と苦手な科目はなんですか。
・小学校生活で最も心に残っていることはどんなことですか。
・小学校で委員会活動をしていましたか。
・最近、気になったニュースはどんなことですか。
・最近、どんな本を読みましたか。
・あなたの尊敬する人物はだれですか。その理由も教えてください。
・あなたが大切にしているものはなんですか。
・将来の夢はなんですか。
・いままでで、いちばんうれしかったこと、悲しかったことはなんですか。
・お母さんの料理で、なにがいちばん好きですか。
・おうちで、あなたが担当しているお手伝いはありますか。それはどんなことですか。
・ピアノを習っているそうですが、好きな曲はなんですか（習いごとがある場合、それに合わせた質問になる）。
・（面接の待ち時間に「絵本」を渡されていて）絵本を読んだ感想と、その絵本を知らない人に内容を紹介してください。
・タイムトラベルするとしたら、だれとどの時代に行ってみたいですか。
・クラスでいじめにあっている人がいるとします。あなたはどうしますか。

保護者

・なぜ本校を志望したのか教えてください。
・本校についての印象を教えてください。
・本校のことを、どのようにして知りましたか。
・以前に本校に来たことはありますか。
・本校を含めて、なぜ中学受験をお考えになったのですか。
・通学に要する時間（通学経路を含む）はどのくらいですか。
・お子さまの長所と短所をあげてください。
・お子さまの性格について教えてください。
・お子さまの特技はなんですか。
・お子さまの名前の由来はなんですか。
・どんなときにお子さまをほめてあげますか。
・お子さまの小学校での出席状況はどうですか。
・お子さまは大きな病気にかかったことはありますか。
・ご家庭でお子さまをお育てになるうえで、とくに留意されていることはなんですか。
・日ごろ、ご家庭でどんな話をしていますか。
・親子のコミュニケーションでとくに気をつけていることはありますか。
・家族でお休みの日はどのように過ごしていますか。
・家族で最近どこかへ出かけましたか。
・ご家庭でお子さまの果たす役割はどんなことですか。
・家族共通の趣味はなにかありますか。
・ご家庭で決めているルールはなにかありますか。
・中高6カ年教育についてどうお考えですか。
・（キリスト教主義の学校の場合）本校はキリスト教主義の学校ですが、そのことについては賛同していただけますか。
・お子さまの将来について、保護者としてのご希望はありますか。
・本校へのご要望はなにかありますか。

おもな面接形態は4パターン

中学入試の面接は、受験生本人がひとりで行うものだけではなく、グループで行ったり保護者に対しても実施する場合があります。

面接形態は、左ページにあるように「受験生ひとりのみの面接」、「受験生のグループ面接」、「受験生＋保護者の面接」、「保護者のみの面接」の4種類です。

さて、保護者面接がある場合、保護者の面接が原因でお子さまが不合格となってしまうのではないか、という心配をするかたが多くおられます。また、受験生といっしょに面接を受けた場合、面接終了後「どうしてあんなこと言ったの?」などと子どもに言われたらどうしようとプレッシャーを感じている保護者のかたもおられます。

しかし、保護者の面接の結果も、受験生の面接同様、合否の判断に直接つながることはまずありませんので安心してください。

学校側は、「保護者に直接学校の教育理念をお伝えしたり、各ご家庭の教育方針などをお聞きすることで、入学後のお子さまの成長につなげていきたい」という考えのもと、保護者との面接の機会を設けているのです。

各校の入試要項には、「保護者は1名でも可」という趣旨のただし書きがあることも多いですが、これは「1名でもいいけれど、2名ならより好ましい」という意味で書かれたわけではなく、その言葉どおり1名でも構わない、という意味です。

ですから、たとえ家庭の事情によって、保護者がひとりであっても、ふたりであっても、学校側はまったく気にしていません。

質問内容についても、受験生の面接と同様、保護者に対して特別な質問がなされるわけではありません。

「その学校を志望した理由」や、「お子さまを育てられるうえでとくに留意なさっていること」、そして、「入学後の学校へ希望すること」など、志望理由や各ご家庭の教育方針、学校への期待などについてお聞きすることが多いとされています。

また、学校は特別な回答を要求しているわけでもありません。面接を行うことで、保護者のかたの意見を聞く機会を設けているのです。

そして、お子さまが入学された場合、各ご家庭の期待に応えられる教育を実現するために、保護者の声を参考にしながら、学校と家庭とが協力して、お子さまの教育にあたっていきたいと考えています。

なお、面接がある学校を受験する際は、出願時に提出する願書やアンケートなどのコピーをかならずとり、学校ごとに整理しておきましょう。面接では、提出書類に記載された内容について問われることも少なくありません。そのときに、書類に記載した内容と、面接での回答がずれてしまうことを防ぐためにも、保護者面接の前日には、提出書類にひととおり目をとおしておくことをおすすめします。

保護者の面接も受験生と同様、日ごろ思っていることを自分の言葉で話すことがいちばん大切です。気負いすぎることなく、お子さまが入学する学校の先生たちと入学前に会話することができるのだという前向きな気持ちで面接にのぞんでください。

面接形式4パターン

パターン1

受験生のみ（個人面接）

中学入試で最も多いとされるのが、受験生がひとりで行う個人面接のパターンです。一般的に受験生ひとりに対して、面接官は1～2名、時間は5分程度です。受験生ひとりでのぞむので、必要以上に緊張してしまうかもしれませんが、入室の仕方や、イスの座り方など基本的なことを確認しておけば大丈夫です。あとは面接官の質問に落ち着いてハキハキと答えましょう。

パターン2

受験生のみ（グループ面接）

このパターンは、受験生3～6名に対して面接官が2～5名で行われることが一般的です。ひとりずつ順番に質問される場合が多いですが、挙手制で回答する場合もあります。また、討論形式で行われることもありますが、いずれにしても、ほかの受験生が答えているときは邪魔をせずしっかりと聞き、自分の番に話すということが大切です。

パターン3

受験生&保護者

受験生と保護者に対して、面接官は1～3名です。保護者の出席は、学校からとくに指示がなければひとりで問題ありません。このパターンでおもに見られているのは親子関係です。親子で質問の答えが食いちがわないよう注意してください。また、「質問をされた方が答える」ことも大切です。お子さんに対する質問に答えてしまわないようにしましょう。

パターン4

保護者のみ

面接官1～2名が一般的です。こちらもパターン3と同じく、とくに指示がなければ保護者は1名でも構いません。このパターンは受験生のみの面接と並行して行われることが多いので、志望理由などを聞かれた場合それぞれが異なった回答をしないよう、事前によく話あっておきましょう。ここでは、家庭の教育方針や学校の教育方針への理解などがよく質問されます。

佼成学園女子《こうせいがくえんじょし》中学校

PISA型入試の先駆者

京王線「千歳烏山駅」から徒歩5分、閑静な住宅街の一角に佼成学園女子中学校（以下、佼成女子）はあります。近年、英語教育に力を入れることで難関大学への合格実績を飛躍的に伸ばし、注目を集めています。

お得な学校という評価

「英語の佼成」で進学実績伸長……

佼成女子では、中学の英語で習熟度別少人数授業を行っています。また、英語を楽しく学ぶために、ネイティブの先生による、きめ細かなコミュニケーション(英語漬け)授業や美術・音楽のイマージョン授業、全校あげての「英検まつり」やイングリッシュサマーキャンプを実施。3年生ではニュージーランドへの修学旅行も行われます。さらに来年度入学生からは修学旅行につづいて3ヶ月留学するプログラムも始動します。

数学は先取りせず、体系的にじっくり学んでいます。授業では、宿題チェック表などの活用で家庭学習習慣をどんどんつけていきます。追試験を合格するまで実施しているのも特徴のひとつです。

高校では、ネイティブの先生によるすべて英語だけの授業もあれば、特進留学コースでは「クラスまるごと現地校に分散しての1年間留学」を実施するなど、いまでは「英語の佼成」と呼ばれるような英語教育のメソッドをつくり上げました。

さらに中学受験に「英語入試」を取り入れるなど、佼成女子は、まさに女子校の学校改革で先端を走っている学校とも言えるのです。

中学受験時の入り口の偏差値で言えば「入りやすい」のに、出口の進学実績の伸長や英検1級合格が複数出るなど、目を見張らせるものがあり、「入ったら伸ばしてくれるお得な学校」と呼ばれる学校、それが佼成女子です。

「PISA型入試」

世の中に先駆けて実施……

また、佼成女子の入試改革のひとつに、世の中に先駆けて「PISA型入試」という名称の入試を採用したことがあげられます。

これは中学入試をあつかう週刊誌やテレビで毎月のように特集される思い切った入試形態でもあります。

「PISA型入試」とは、簡単に言えば、都立・区立の中高一貫校で実施されている「適性検査」と同じタイプの問題で合否を決める入試のことです。

「国際学力調査の結果、日本の学力が低下しているようだ」というニュースを覚えておられるでしょう。この「国際学力調査」が、「PISA（Programme for International Student Assessment)」で、いわば、「学力の国際評価基準」、あるいは「学力調査のグローバルスタンダード（世界標準）」とも言えます。

従来の学力調査と大きく違うのは、「実生活で直面するさまざまな課題に、知識や技能をどう活用できるか」を評価する点です。

つまり、「学校学習での教科の理解度や定着度」ではなく、「将来、社会生活のなかで発揮できる力をどの程度身につけているか」をみる試験なのです。

このPISAのシステムに基づいてつくられているのが、佼成女子の「PISA型入試」です。

出題形式も、「国語・算数・理科・社会」というような科目別ではなく、「適性検査Ⅰ」「適性検査Ⅱ」という名称です。

ただ、佼成女子では、適性検査Ⅰ（社会理科算数の複合）、適性検査Ⅱ（500字の作文がメイン）のほかに、基礎算数・基礎国語（合わせて40分）も実施して、都立・区立の中高一貫校の入試では見極めきれない子どもたちの学力も見ていくところにキメの細かさを感じます。

都立・区立中高一貫校を目指している受験生にとっては、同じ勉強が役に立つわけですから、非常にありがたい入試とも言えます。試験日は2月1日で、都立・区立中高一貫校の試験日に先だって行われますから、併願受験としてだけでなく、試し受験としても大いに利用できる入試というわけです。

江川教頭先生に聞く

「PISA型入試」はここがポイント…

ここで、際だつ佼成女子の入試改革を先導してきた江川昭夫教頭先生に、特に「PISA型入試」について聞いてみました。

——なぜ「PISA型入試」を導入するに至ったのですか。

江川先生「国際学力調査であるPISAは、いまや学力調査のグローバルスタンダード（世界標準）となっています。すでに国際化教育では先へ先へと進んでいた佼成女子にとって、このPISAの理念を活かした入試は〝最適〟と考えたのです。また、新学習指導要領では、基礎・基本の習得や活用能力の育成などが盛り込まれました。これはまさに、PISAを意識した方向付けですから、私たちの考えの追い風ともなるものでした」

——佼成女子の「PISA型入試」の内容は、都立・区立中高一貫校の出題とよく似ていますね。

江川先生「実は、都立・区立中高一貫校の適性検査Ⅰ、Ⅱという選抜方法は、PISAを強く意識したつくりになっていますから、本校のPISA型入試と似た内容となるのは当然なのです。ですから、受験生は、本校のこの入試問題に歩調を合わせることで、都立・区立の中高一貫校の適性検査への対応がしやすくなります」

——従来と同じ形式の入試も実施しているのですね。

江川先生「佼成女子では、PISA型入試を行っていますが、これまでと同じスタイルの入試も実施しています。つまり、受験生が自分に合った入試を選べるようになっているのです」

——なぜ、いろいろな種類の入試を用意しているのですか。

江川先生「同じタイプの生徒が集まるよりも、さまざまな能力を持った生徒が学校にいた方がお互いを高めあうことができるのではないかと考えているからです。

1教科に秀でている生徒もいれば、応用力がある生徒、総合力がある生徒など、それぞれ違ったタイプの能力が集まり、相乗効果ともいうべき刺激を互いに与えあうことで、真の学力を身につけることができます。それが学校として最適の環境だと信じているからです。ですから、本校のPISA型入試では、適性検査だけではなく、〝基礎算数・基礎国語〟という試験も行い、さらに受験生の力を見定めようと努力しているのです」

江川昭夫 教頭先生

——「PISA型入試」はその問題をつくる作業も大変でしょう。

江川先生「そうなんです。いろいろな教科の要素が入り込んできますので、多くの先生がたの協力を得て、普通の入試科目なら3カ月で作問できるものが、PISA型入試では8カ月はかかってしまいます」

——よく考えられた理科の問題や図形問題、そして読解力も問われる、実によくできた出題もありましたね。

江川先生「発想の転換や、問題解決能力、そして自分の考えを簡潔に文章にして人にわかるように説明する力などが必要になってきます」

——これから佼成女子を目指そうという受験生、また同じような入試形態の都立・区立中高一貫校を目指している受験生にメッセージをお願いします。

江川先生「本校のPISA型入試は、公立中高一貫校対応型となっておりますが、私立の独自性を担保するために基礎算数・基礎国語も受験していただく点も特長です。

佼成女子はこのPISA型入試のフロントランナーとして、さらに研究を重ねてまいります。PISA型入試や公立中高一貫校入試にご興味のある受験生は、ぜひ佼成学園女子中学校の受験もご検討ください」

森上's eye

見逃せない 難関大学合格実績の伸び

佼成女子は近隣の都立・区立中高一貫校が旗揚げする前から「PISA型入試」を立ち上げ、そのニーズに応えようとしてきました。努力の成果は中学入試での受験生が増え続けるという形で表れました。もちろん、その背景に、目を見張るような勢いの難関大学合格実績の伸びと大学卒業後を見据えた進路指導の充実も見逃せません。

School Data 佼成学園女子中学校

所在地 東京都世田谷区給田2-1-1
TEL 03-3300-2351
URL http://www.girls.kosei.ac.jp/
アクセス 京王線「千歳烏山」徒歩6分、小田急線「千歳船橋」バス15分、「成城学園前」バスにて「千歳烏山駅」まで20分

学校説明会
11月17日（日）14：00～
12月14日（土）10：00～
1月11日（土）14：00～

PISA型入試問題学習会
12月７日（土）14：00～

出願直前個別相談会
１月18日（土）10：00～

■2014年度入試日程

試験日	区分	入試選択パターン
2/1（土）	午前	2科・4科、英語型、PISA型
	午後	2科・4科、PISA型
2/2（日）	午前	2科・4科、英語型
	午後	2科・4科特別奨学生入試
2/3（月）	午前	2科・4科
	午後	
2/5（水）	午前	
2/6（木）	午前	

病気に負けない対処法を身につけよう！

入試本番が近づいてきました。最後の追いこみ、そして試験当日を、万全の調子で迎えたいものです。しかし、これからはちょっとしたことで体調を崩しやすい季節です。注意しなければならない病気や疾患についての知識・対処法を頭に入れておきましょう。

医療法人社団裕健会理事長　神田クリニック院長　馬渕浩輔

注意したい病気とその対処法

No.1 インフルエンザ

毎年12月～3月に流行する「インフルエンザ」。受験生やそのご家族にとって最も避けたい病気の筆頭です。

インフルエンザとは、インフルエンザウイルスによって引き起こされる病気で、A型（ソ連型・香港型）、B型、C型、新型に分類することができます。このうち大きな流行を起こすのがA型（ソ連型・香港型）、B型、新型で、C型は、軽症のことが多いです。

インフルエンザと風邪との大きなちがいとしてあげられるのが、急激な発熱の有無です。38度以上の高熱にプラスして、悪寒や激しい関節痛などの全身症状が見られます。適切な治療を怠ると1週間ほど熱がつづくうえ、悪化すると、さまざまな合併症を引き起こす可能性があり、要注意です。

治療法は？

・潜伏期

インフルエンザの潜伏期は1～4日程度と言われており、発症から48時間以内に抗インフルエンザ薬を投与することで、大きく症状を改善できます。熱に関しては、長くとも2～3日で下がると思います。急な発熱があった場合には、できるだけ早い時期に医療機関を受診するようにしましょう。

また、もし発症から48時間を超えてしまったときでも、かならず医療機関を受診しましょう。強く症状がでている場合、受診先の医師が必要と判断すれば抗インフルエンザ薬を投与することもあり、使わなくても、症状を和らげるなどの治療が中心となります。そうした場合も、医師の

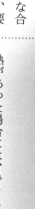

指示に従うようにしてください。

症状のなかでも、のどの痛みや発熱は、薬局などで購入できる市販薬で緩和が可能ですが、それでは根本的な治療にはなりません。

大切なことは、発症し、寝込んでしまっているときでも食事を欠かさないことです。きちんと食事をとらないと免疫力が低下し、結果、ウイルスを身体から追いだす力も弱くなってしまうからです。

・投薬

抗インフルエンザ薬としては、「タミフル」がよく知られています。以前、服用後の異常行動や副作用などで問題となったことがありましたが、現在では、若い人のインフルエンザ治療の場合には、タミフルよりも「リレンザ」や「イナビル」といった吸入タイプのものが主流となっています。

２００９年から使われるようになったイナビルという薬は、1回吸入すればいいというものです。リレンザは5日間吸入しなければならなかったのですが、イナビルだと1度ですみますし、吸入も中学受験をする小学生であれば、問題なくできるものです。これまでのところ、副作用についての大きな報告はとくになく、こういった事情から、イナビルを使うことが多くなっています。

・予防ワクチン

インフルエンザを予防するために最も効果的とされているのがワクチンの接種です。最近は、A・B・新型の3種混合のワクチンを接種することができますので、新型に対して改めて受ける必要はなくなっています。ただ、13歳以下のお子さんは免疫力が低いため、2回打つ必要があります。

また、ワクチンは接種してから効果がでるまでに約2週間、そして有効期間は約5カ月と言われています。ですから、受験を予定されているご家庭では、年内のできるだけ早いうちに1回目を、年が明けた1月に2回目を打つのがよいでしょう。

・完治の目安

インフルエンザは完治するまで、原則的に発症翌日から7日間、さらに解熱後2日間かかるとされています。発症したあと、早めに処置を行い抗インフルエンザ薬を使用することで、2～3日で解熱ができ、その後関節痛もとれてきます。ただ、それで大丈夫と考えて気軽に外出するのは控えた方がよいでしょう。

なぜなら、イナビルなどの抗インフルエンザ薬を使用すると、ウイルスは急速に減るのですが、けっしてゼロになるわけではないからです。菌はまだ残っており、その状態で外にでることはインフルエンザの菌をまき散らすことになります。

・気をつけたい対応策

気をつけたいのは、インフルエンザによる高熱を下げようと、アスピリンやロキソニンなどの解熱剤をお子さんに投与することです。副作用として、脳症など脳の問題を引き起こす場合があるので、けっしてしないでください。どうしても解熱剤が必要ということであれば、その際は医療機関の診断を受け、アセトアミノフェン（商品名：カロナール）などの薬を処方してもらいましょう。

No.2 風邪

RSウイルスやアデノウイルス、ライノウイルスなどの感染症を総称して風邪症候群と呼び、これがいわ

ゆる「風邪」です。鼻水、鼻づまり、咳（せき）、痰（たん）、のどの痛みなどがおもな風邪の症状です。インフルエンザとはちがって、発熱してもそこまで高熱にはなりませんので、もし、1週間以上こうした症状がつづく場合は別の病気の可能性があります。

最近はRSウイルスが流行しています。

RSウイルスは小さなお子さまがかかると、ときとして重症化することがあります。受験生の年齢にもなれば重症化することは少ないですが、咳、発熱がひどいときは医療機関を受診しましょう。

風邪の場合は、インフルエンザとちがい抗ウイルス薬はなく、自然に治ることがほとんどです。かかってしまった場合は、よく休んで睡眠をとり、食事（栄養）もきちんととることが大切です。また、気をつけたいのは脱水です。水分補給をしっかりするようにしてください。

No.3 ウイルス性胃腸炎

ノロウイルス、ロタウイルス、アデノウイルスなどのウイルスが原因で引き起こされるウイルス性の腸炎も、この時期は要注意です。

おもな症状としては、急激な吐き気、おう吐、腹痛、下痢などがあげられます。

ノロウイルスはカキなどの二枚貝に存在すると言われていますが、貝類を食べなければ大丈夫、というわけではないので注意してください。これらのウイルスは吐物や便器、水道の蛇口などに付着していることが多いので、そういった場所をつねに清潔にしておくことが予防につながります。

No.4 マイコプラズマ肺炎 百日咳

咳が1～2週間つづくときは、マイコプラズマ肺炎や百日咳の可能性があります。こうした場合は、医療機関で診察を受けるようにしましょう。

症状としては、おもに乾いた咳がつづくだけなのですが、微熱をともない、それが長引くこともあります。悪化すれば、肺炎や髄膜炎を起こすこともあると言われていますから、やはり注意が必要です。

病気に関する素朴なQ&A

Q：市販薬で大丈夫なのはどの程度まででしょうか

A：鼻水、咳、痰がでる程度であれば、市販薬でも最初は問題ないと思います。ただ、2、3日使っても症状が改善しないのであれば、医療機関を受診した方がよいでしょう。

Q：病院で感染することもあると聞いたのですが

A：これからの時期、小児科には多数の患者さんが来院しますから、待合室で感染する可能性もでてきます。

かなりの高熱がでていたり、明らかにインフルエンザが疑われるようなときは、まず小児科に連絡して、どういう対策を取った方がよいか相談してみましょう。また、いずれにせよ、医療機関には電話をしてから行った方がよいと思います。感染予防や待ち時間の問題があるからです。こうしたことも医療機関ごとにちがいがありますので、一度は連絡をとってみてください。

Q：お風呂には入ってもよいのでしょうか

A：高熱がでている場合は避けた方がよいですが、絶対に入ってはいけないということはありません。37度程度の微熱であれば、清潔にするという観点からも、汗を流したりするためにお風呂に入ってもかまいません。

Q：水分はとった方がよいですか

A：脱水症状を起こさないためにも水分補給は欠かせません。お子さんの尿の回数が減っていれば、脱水を起こしている可能性があります。ほかにも、尿の色が濃くなってきている場合は注意が必要なサインです。見落とさないように注意してください。発熱がある場合は、水だけで1日1.5リットルは少なくともとらせましょう。

病気を防ぐ予防法

ここまで紹介してきた病気のうち、インフルエンザや風邪は、ウイルスが飛んでくることで感染（飛沫感染と言います）します。ですから、くしゃみや咳をできるだけ直接浴びないようにすることが大切です。学校や、電車・バスなどの公共交通機関、それ以外にも人が多いところで感染することが多いので注意しましょう。

予防法１ うがい

うがい用に、イソジンなどさまざまなうがい薬が市販されていますが、かならずしもうがいのときにそれらを使わなければいけないということはなく、じつは真水でもじゅうぶん効果があります。いずれにせよ、帰宅時にはうがいをする習慣をしっかりとつけましょう。

予防法２ 手洗い

外出先ではいろいろなものを触りますから、手指に菌がつくのを防ぐことはできません。そのぶん、手洗いをする際に指や手のひらといった大きな部分だけではなく、指と指の間なども忘れずきちんと洗うということが大切です。

予防法３ マスクをする

ウイルスはとても小さいので、マスクの穴をとおってしまうこともあります。しかし、直接的に飛沫を浴びないという点で意味があります。また、インフルエンザのウイルスは乾燥しているところを好むため、マスクをすることでのどの湿度をあげ、その予防にもなります。

予防法４ タオルを共有しない

ご家庭でうがいや手洗いをしたあとは、タオルを共有せず、ペーパータオルを使ったり、個人的にタオルを用意して使うようにしましょう。見落としがちですが、タオルを共有することによって家族内で感染することもあるからです。

予防法５ 加湿

鼻やのどの粘膜が乾くと、ウイルスなどを防ぐ身体の働きが弱まってしまいます。とくに空気が乾燥するこの季節は、それを防ぐためにも、加湿機を使ったり、室内に洗濯物を干したり、水を張ったりと、ご家庭で工夫して加湿をしてください。

学び力伸長システム

自分の学習法を発見し、自学力を身につける

安田学園は、グローバル社会に貢献するリーダーを育成するために、自ら考え学ぶ力を伸ばす授業と、課題を追究し解決する教科外学習により創造的学力の資質を育てる「自学創造」教育に取り組んでいます。

学習法体得授業

中学段階では、英語と数学で各々2時間続きの「学習法体得授業」が年間16回、平常授業時に設定されています。

事前に予習・復習の方法がレクチャーされ、授業を挟んでこの時間内で予習と復習を行い、チェックリストを用いて学習法を自己チェックし、自分の学習法を見直します。また、先生からのアドバイスを受けます。

平常授業での学習法体得授業の実施回数

24回×2教科

	1学期		2学期		3学期
	前半	後半	前半	後半	
1年生	3	3	2		
2年生	3	3	2		
3年生			3	3	2

学び力伸長システム責任者の志田先生は「全国的な学習調査でも中学段階で学習法をつかみ伸びた生徒が、大学入試直前の高3で伸びる確率が高いと言われています。これは、将来社会人として主体的に生きるために必要な力で、結果として大学入試にも生きるはずです。だから、中学段階で自ら考え学ぶ方法を身につけることが、生徒一人ひとりの生き方を方向つけることになると確信しています」と力強く述べています。

習熟度チェックテスト・放課後補習

英語、数学で毎週4回、朝の学活前に授業内容の習熟度チェックテストを実施。理解が十分でない生徒には放課後、懇切丁寧な補習指導が行われます。そこで、理解させできるように導くことはもちろんですが、不十分だった原因を探り、自分で学べるように学習法を改善することが大きな目的です。

学習法体得合宿

また、6月に行われる中1～3の「学習法体得合宿」では、英数国の授業を挟んだ予習・復習に、ホテルの大研修室で、273 名全員が一緒に取り組みます。

合宿終了後、1 年のA君は「間違えた問題を繰り返し解いて、できるようになるまでやる学習法がいいと思った」、B 君は「勉強はつまらないと決めつけていたけど、実際は楽しいものなんだなぁと感じた」、2年の C 君は「人に教えることを想定して考え理解する学習法を発見した」、3年の D 君は「新しい問題を次々と解く楽しさ、別解を発見できる面白さが数学だと思った」といった感想を書いてくれました。

中３までに学習法を確立する
学び力伸長システム

このシステム（学習法体得授業・合宿・習熟度チェックテスト・放課後補習）により育てた主体的に考え学ぶ力を、高校後半での進学に向けた学習に活かし、難関大進学を実現します。

同時に、将来自ら学び続け、困難な問題を解決する創造的学力の基盤をつくります。

学校完結型学習指導

学校完結型学習指導 **学び力伸長システム**

- ●自ら考え学ぶ授業
- ●学習法体得授業
- ●学習法体得合宿
- ●夏期・冬期講習
- ●習熟度チェックテスト → 放課後補習

▶

進学力伸長システム

- ●放課後進学講座（5年3学期～6年2学期、2時間）
- ●進学合宿（5年3月）
- ●センター模試演習講座（6年12月～1月）
- ●国公立２次・私大入試直前講座（センター後）
- ●夏期・冬期講習

▶

将来も持続する学び力

難関大学進学

※合宿の実費以外は費用無

先進コース：男女40名 ／ 総合コース：男女110名

安田学園中学校

〒130-8615東京都墨田区横網2-2-25　E-mail nyushi@yasuda.ed.jp　TEL 03-3624-2666
入試広報室直通 0120-501-528　JR両国駅西口徒歩6分／都営地下鉄大江戸線両国駅A1口徒歩3分

学校説明会

11/23（土･祝）	8:30	同時開催 入試体験（要予約）
12/22（日）	9:00	同時開催 入試解説（予約不要）

http://www.yasuda.ed.jp/

こんなとき どうする？ 試験当日のQ&A

試験が近づくにつれて、緊張や不安も高まってきた方も多いのではないでしょうか。
このコーナーでは、試験当日を迎えるにあたって準備すること、
当日ハプニングが起こってしまった…など、「こんなときどうすればいいの？」という
お悩みにお答えします。当日の「困った！」に役立つアドバイスが満載ですので
ぜひ参考にしてください。

Q1　試験当日の起床時間は何時がいい？

A　試験開始3時間前には起きましょう

一般的には、脳が活発に動くのは起床３時間後といわれているので、逆算して試験開始３時間前には起床しているとすっきりした頭で試験にのぞめるでしょう。

しかし、試験開始３時間前に起きたからといってじゅうぶんな睡眠をとっていなければ頭はきちんと働きません。「夜型」の生活をしている場合は、試験当日も無理矢理早起きをすることになってしまい、ふだんの実力がだせないということになりかねません。できることならふだん生活しているのと同じ時間帯に当日も起床することがのぞましいので、冬期講習の時期くらいから徐々に「朝型」の生活に切り替えていきましょう。すぐに生活習慣を変えるのはむずかしいので、少しずつ就寝時間を早めていき、起床時間も早めていきましょう。そして、試験当日をすっきりした目覚めで迎えましょう。

Q2 当日の服装はどのようなものがいい？

A ふだんの格好でかまいません

面接がある学校を受験するかたは、服装が気になるかもしれませんが、原則的にまったく心配する必要はありません。学校側も、面接を実施するからといって、特別な服装で受験にのぞむ必要はないと明言しています。

受験用の標準的な服装があるようにいわれることもありますが、実際にはそういうことはなく、面接があってもなくてもごくふつうの、いつも着ているような服装でかまいません。筆記試験を終えたあと、面接試験の前にわざわざ着替える方が不自然ですので、あまり服装は気にしなくてよいと思います。

それよりも、試験会場は暖房が効いていても、外は雪が降っているということも考えられますので、温度調節のできるような着脱しやすい衣服にするなど、温度差に対応できる服装にすることの方が大切です。

Q3 電車が遅れてしまったら？

A 学校も対応してくれるのであわてないこと

天候や公共交通手段の状況により、電車の運行ダイヤが乱れて、試験開始時刻に間に合わないという事態も起こりかねません。公共交通機関の遅延によって試験開始に間に合わなかった場合は、各校とも便宜をはかってくれますので、あわてて電車を降りてタクシーを使うのは控えましょう。かえって時間がかかったり、遅刻の理由が説明しにくくなってしまいます。遅延した場合は電車の遅延証明書を受け取り持参しましょう。別室で時間を繰り下げて受験するなど、学校によって対応がちがうので事前に各校の対応を確認しておくといいですね。

また、こうしたトラブルを考慮して早めに家をでることもよいですが、会場に早く着きすぎてしまうのも緊張する時間が長くなるだけですので、集合時間の30分前に到着するのがベストでしょう。

Q4 当日車で学校まで送ってあげてもいい？

A 車で行くのは絶対に避けるべきです

「試験当日、父親が休みを取れたので受験校まで自家用車で送ってあげたい」「寒いので電車での乗り換えを考えれば車で行きたい」というご要望をお聞きすることがありますが、まず、ほとんどの学校で「車での登校は控えてほしい」と言っています。

また、車で学校まで行こうとして思わぬ渋滞に巻き込まれ、父母のみならず、受験生本人が「イライラ」「ハラハラ」した、という話も聞きます。このような精神状態は試験に悪影響を与えかねません。それだけですまずに、集合時間に遅刻してしまった場合、公共交通機関以外の遅れは遅延理由として学校側も認めてくれません。

まして、友人の受験生を同乗させるなどはもってのほか、もしもの場合に取り返しがつきません。試験当日はかならず公共交通機関を利用しましょう。

Q5 受験生はひとりで学校へ行くの？

A 原則として保護者が同伴してください

中学受験では、保護者が同伴するのがふつうです。もちろん、入学試験に合格して中学生になれば学校にはひとりで通学することになりますが、入学試験の時点では、まだ小学生です。

さらに、ふだん慣れていない交通機関、まして、朝の混雑する時間に乗車しますので、受験生だけで会場へ向かうのは不安も大きいでしょう。さきほども述べたように、交通機関に遅れが生じるなど、不測の事態も考えられますので、保護者が同伴して試験会場に向かうようにしたいものです。

また、試験当日は受験生の不安や緊張も大きいですから、保護者の方といっしょに会場へ向かうことで、安心するでしょう。くれぐれも、お子さんに過度の緊張をさせないよう配慮しながら登校してください。

Q6 保護者は試験中どこにいるの？

A 控え室を用意している学校が多いです

ほとんどの学校では、試験会場に受験生を送りだしてからの保護者のために、控室や保護者用のスペースを用意しています。保護者も長丁場ですから、本を持参するなど、待ち時間を過ごせるよう事前に準備しておきましょう。

しかし、寮のある地方の私立中学校がシティーホテルで首都圏入試を行った場合など、保護者控え室が用意されていないこともあります。また、公立中高一貫校などの入試では、受検者数が多すぎて保護者が控室に入りきらないという事態が生じることもあります。

学校内に控室が用意されている場合はそこで待ち、そうでない場合は他の場所で終了を待つという臨機応変な対応を心がけましょう。試験終了後にどこで待ちあわせるかを事前にお子さんと決めておくことも大切です。

Q7 当日具合が悪くなってしまったら？

A 保健室などの別会場を用意しています

試験当日に体調を崩し、指定された入学試験会場での受験がむずかしいような受験生のために、保健室などを別会場として用意している学校が多いです。

また、他の受験生に影響があると判断された場合も別の試験室での受験となることもあります。

これらの受験においても試験時間や合否判断においては、一般の入試と変わることはなく、いっさいの有利不利は生じません。当日の体調がよくない場合には、遠慮なく申しでて保健室などの別室での受験を考えてみましょう。

このような対処法はありますが、やはりいちばん大切なのは試験当日を健康に迎えることです。そのためにも予防接種を受ける、風邪の予防をするなど、日ごろから体調管理をしっかりと行いましょう。

Q8 休み時間の過ごし方は？

A 心を静めて、つぎの試験に備えましょう

学科ごとに入試実施形態のちがいもありますが、試験科目ごとの休み時間には、特別なことをする必要はありません。

この時間は早めにトイレをすませておき、つぎの科目の試験に向けて心の準備をしておきましょう。

注意したいのは、終了した試験の内容について、顔見知りの友人と会話を交わすことです。ついつい話したくなってしまいますが、むやみに会話をすることで、解答が異なっていた場合など、お互いが動揺してしまうこともありますし、その後の試験にも悪影響を与えることになりかねません。

その科目がうまくいかなくても、つぎの試験があります。休み時間は静かに心を落ちつける時間、そして、つぎの試験科目へ気持ちを切り替える時間にしましょう。

Q9 お弁当はどんなものがいい？

A 消化がよく、食べやすいものを

入学試験の実施形態によっては、昼食のお弁当が必要になる学校があります。自分のお子さんの体調や性格に合わせたお弁当をつくりましょう。試験の日だからといって気合いを入れていつもより豪華にする必要はなく、食べやすく、適切な分量のお弁当がよいでしょう。試験の季節は寒いので、温かい飲み物などをいっしょに持たせてあげると身体も温まります。

受験生は極度の緊張のなかで入学試験にのぞんでいるため、ふだんと同じ量のお弁当でも残してしまうことも考えられます。そういう場合も考慮して、ふだんより量をセーブしたお弁当をつくってあげるといいかもしれません。そして、お弁当を残さず食べてきたときは、「落ちついてふだんの力がだせたね」と声をかけてあげましょう。

Q10 午後入試は大変？

A 受験生の疲労度を考慮しましょう

午後入試は午前中に受験をし、午後にほかの学校の試験を受けられるという点で大きなメリットがあるため、採用する学校も増えています。

しかし、子どもにとっては1日で2校の試験を受けなければならず、体力的に厳しいものとなりがちです。午後入試を取り入れるかどうかは、お子さんの体力をよく考慮して検討してください。

また、1日に2校受けるというのは体力的だけでなく精神的にも厳しいものがあります。2校分の緊張を1日で経験するわけですから、精神的疲労度もかなりのものでしょう。

午後入試を検討する場合には、事前に受験生のそうした負担を考慮し、受験生本人とよく相談しておくことが必要です。

Q11 試験を終えた日の勉強は？

A 軽くすませて翌日に備えましょう

首都圏の中学入試の特徴として、2月1日からは、連続的に入試日程がつづく場合が多くあります。

受験生は緊張した1日を過ごしていますので、心身ともに多大な疲れがあるはずです。まずは、リラックスし、そうした疲れを取り除きましょう。

勉強をしたい気持ちもあるでしょうが、試験は翌日以降もつづくので、以降の試験の負担にならないよう、重要事項をざっと見なおす、気になっていることについて確認するなど、軽めにすませましょう。

そして、いちばん大切なのは気持ちの切り替えです。終わった試験の復習は確認程度にとどめておきましょう。もし、試験がうまくいかなかったとしても、すんだことを悔やむのではなく、つぎの入試に向けての心の準備をしていきましょう。

Q 12　試験当日発表される合格発表は見ていいの？

A　見てもよいですが、結果に左右されないように

学校によってはその日の夜にインターネットによる「合格発表」をする学校があります。これは受験生本人も見たがるでしょうから、親といっしょに確かめることもよいでしょう。

合格していた場合、必要以上に気持ちが高ぶり、なかなか寝つけず睡眠不足…ということにならないよう、「終わったことは終わったこと」だと、つぎの試験に気持ちを向かせましょう。

一方、不合格だった場合、落ちこんでしまったお子さんを励まし、気持ちを切り替えさせることが必要になってきます。お子さんは親の落胆を表情から読み取り、さらに自分を責めてしまうこともありますので親も気持ちを切り替えることが大切です。発表を見る前に、親子ともに心がまえをしておくとよいかもしれません。

Q 13　受験票を忘れたら？

A　あわてずゆっくり対応しましょう

入学試験で受験票を持参することは絶対に必要ですが、複数の学校を受験する場合、つい他校の受験票を持ってきてしまったということも考えられます。

もし、受験票を忘れてしまったら、家をでてすぐに気づくなど、時間に余裕がある場合以外は、そのまま試験会場へ行きましょう。試験が始まる前に係の先生に申しでれば、ほとんどの場合受験が認められます。焦って自宅に戻ったために遅刻したということは避けましょう。

受験票を忘れたことが合否に影響したり、不利益なあつかいを受けることは絶対にありませんが、忘れ物をしないにこしたことはありません。忘れ物をしないためにも、左ページにある「持ち物チェックリスト」をぜひ活用してください。コピーを取って、各校ごとに持ち物を確認するのもおすすめです。

月　　日(　)

中学校用　　受験番号

項　目	必要	チェック	備　考
受験票			他校のものとまちがえないこと
筆記用具			鉛筆・ＨＢを６〜８本。鉛筆をまとめる輪ゴム。小さな鉛筆削りも。シャープペンシルは芯を確認して２本以上
消しゴム			良質のものを３個。筆箱とポケット、カバンにも
コンパス			指示があればそれに従う
三角定規			指示があればそれに従う
下じき			ほとんど不要。持っていくときは無地のもの
参考書・ノート類			空いた時間のチェック用。お守りがわりにも
当該校の学校案内			面接の待ち時間に目をとおしておくとよい
メモ帳			小さなもの。白紙２〜３枚でも可
うで時計			電池を確認。アラームは鳴らないようにしておく
弁　当			食べ物の汁が流れないように。量も多すぎないように
飲み物			温かいお茶などがよい
大きな袋			コートなどを入れて足元に
ハンカチ			２枚は必要。雨・雪のときはタオル２枚も
ティッシュペーパー			ポケットとカバンのなか両方に
替えソックス			雨・雪のときの必需品
カバン			紙袋は不可。使い慣れたものを。雨のとき、カバンがすっぽり入るビニール袋も便利
お　金			交通費等。つき添いだけでなく本人も
スイカ・パスモ			バスや電車の乗りかえに便利
電話番号 （なんらかの 事態発生時のため）			受験校（　　　　　　　） 塾　（　　　　　　　） 家族携帯（　　　　　　　）
上ばき			スリッパは不可。はき慣れたものを
雨　具			雨天の場合、傘をすっぽり入れられるビニール袋も
お守り			必要なら
のどあめ			必要なら
携帯電話（保護者）			緊急連絡用。ただし試験場には持ちこまない
願書のコピー （保護者）			面接前にチェック。願書に書いたことを聞かれることが多い
ビニール袋			下足を入れたりするのに便利
カイロ			使わなくとも持っていれば安心
マスク			風邪の予防には、やっぱりこれ

＊必要受験校数をコピーしてご利用ください。

合格カレンダーをつくろう

中学受験では、約１週間の間に集中して５回、６回と受験することになります。また、ある学校の合格発表日が他校の入試日と重なることも多くなります。そこで、これらの日程を整理、理解し、失念しないようにするために便利なのが「合格カレンダー」です。つぎのページに見本をしめしておきましたので、ご家族で話しあいながら作成してみましょう。

中学受験では、ある志望校を何回か受ける場合もありますし、併願校を含めれば５回、６回と受験を繰り返すことになります。

各学校には、それぞれ出願、入学試験、合格発表、入学手続きの日が設けられ、かぎられた約１週間の間に、つぎつぎとリミットがやってきます。

入試日と別の学校の合格発表が重なることは当たり前の現象でもあります。

これを整理し、理解しておかないと思わぬアクシデントにつながります。

とくに、合格発表日と他校の入学手続き締め切り日が重なる場合は、それこそ30分、１時間のうちに結論をだしてつぎの行動に移らなければなりません。

手続き締め切りそのものを延長する学校なども増えてきていますが、すべての学校がそういうわけではありませんので、その日は、だれがどう行動するかなど、家族間で細かく打ち合わせておくことが大切です。

こうした、当日になって「Ａ校の合格発表を見てから向かったのでは、Ｂ校の入学手続きに間に合わない」と気づくなどのまちがいを防ぐのに役立つのが、入試スケジュールを管理する「合格カレンダー」です。

つぎのページに「合格カレンダー」の見本があります。

左のページを拡大コピーして、右ページの見本のように書きこんで使います。横軸が時間軸、縦軸が学校別になっています。

Excelなどの表計算ソフトの使用が得意なかたは、表計算ソフトを利用してつくってもいいでしょう。カレンダー作成のソフトというものもあります。

「合格カレンダー」を作成しておけば、どこの学校のどの日程が、他校のなにと重複しているかが、一目瞭然となりミスを防ぐことができます。

また、家族で手分けする必要がある日程を洗いだすことにもなります。

カレンダーには、以下のようなことを書きこみます。これら以外にも備忘録として、気になることはそのつど書きこみましょう。このカレンダーは、ご家族全員がひと目でわかるよう、居間などに貼り、みんなで情報を共有することが大切です。

合格カレンダーに書きこむべきおもなことがら

「出願」は持参か郵送か、持参はだれがいつ行くか、郵送はいつ投函するか。
「複数回同時出願」の場合の受験料、返金の有無と申し出期間。
「入試当日」の集合時刻と終了予定時刻、とくに持参するものがあればそれも。
「面接」の有無、その集合時刻。
「合格発表」の日と時刻、インターネット発表の時刻。
「入学手続き」の締切日と時刻、入学金の額と納入方法。
「延納」の有無。
「返納金」入学手続き後の返金制度の有無、その申し出期限。
「登校日」入学手続き後に登校日が設定してある場合、その日登校しないと、入学辞退とみなされる学校があるので要注意。

そしてそれぞれの日にお父さま、お母さまがどこに行くのかも、前もって話しあって書きこんでおきましょう。

各校の要項をよく見て書きこもう！（実際には左ページを拡大して書きこみます）

記入例　2014年 合格カレンダー（受験予定表）

志望校名	A中１次	B中	C中２回	D中２回	C中３回
学校最寄駅 学校電話番号	千埼駅 04＊＊－＊＊＊＊	合格駅 9876－＊＊＊＊	希望駅 5555－＊＊＊＊	未来駅 1212－＊＊＊＊	希望駅 5555－＊＊＊＊
出願期間	12月26日９時から １月６日16時まで	１月20日９時から １月25日15時まで	１月20日９時から １月29日16時まで	１月20日９時から １月25日16時まで	１月20日９時から ２月３日14時まで
出願日	12月25日郵送出願	１月20日出願日 担当：父	１月20日出願日 担当：母	１月21日郵送出願	
１月10日（金）	試験日 集合：８時20分 解散：12時45分				
１月11日（土）	合格発表日 12時掲示 ネット発表も有				
２月１日（土）		試験日 集合：８時30分 解散：14時30分			
２月２日（日）			試験日 集合：８時20分 解散：12時25分		
２月３日（月）		合格発表日 15時掲示	合格発表日 ９時ネット	試験日 集合：８時30分 解散：12時30分	※C中２回不合格の場合出願（14時まで）
２月４日（火）		入学手続日 ９時～12時 47万円振込み	入学手続12時まで ※B中の結果次第で入学手続をする	合格発表日 ９時掲示 入学手続16時まで	試験日 集合：８時20分 解散：12時25分
２月５日（水）					合格発表日 ９時ネット 入学手続16時まで
２月６日（木）					
２月７日（金）					
２月８日（土）		入学説明会日 15時 本人同伴			
各校のチェックポイント（備考欄）	※手続き期間内に延期手続きを行えば、予約金なしで延期手続き可能 ※願書写真は５×４ ※出願は郵送のみ	※試験日は弁当持参 ※願書写真は４×３を２枚 ※願書に小学校公印が必要	※出願はなるべく持参 ※手続納入金は現金50万円（辞退すれば24万円返還） ※願書写真は５×４	※出願は郵送のみ １月25日消印有効 ※願書写真は５×４または４×３ ※手続納入金は現金40万円（辞退後の返金有）	※手続納入金は現金50万円（辞退すれば24万円返還） ※願書写真は５×４

※カレンダーには、〈出願〉は持参か郵送か、〈複数回同時出願〉の場合の返金の有無と申出期限、〈試験当日〉の集合時刻と終了予定時刻、持参するもの、〈面接〉の有無・集合時刻、〈合格発表〉の時刻と方法、〈入学手続締切〉の時刻・納入方法と金額（延納の有無）、〈入学手続後〉に納入金の返金制度がある場合には入学辞退の申出期限、手続き後の登校日などを書きこんでください。

※実際にご活用いただく際には、左のページをB4サイズに拡大したうえで何枚か複写してご使用ください。

2014年 合格カレンダー（受験予定表）

志望校名					
学校最寄駅 学校電話番号					
出願期間	月　日　時から 月　日　時まで	月　日　時から 月　日　時まで	月　日　時から 月　日　時まで	月　日　時から 月　日　時まで	月　日　時から 月　日　時まで
出願日					
1月　日（　）					
1月　日（　）					
2月1日（土）					
2月2日（日）					
2月3日（月）					
2月4日（火）					
2月5日（水）					
2月6日（木）					
2月7日（金）					
2月8日（土）					
各校のチェックポイント（備考欄）					

※カレンダーには、〈出願〉は持参か郵送か、〈複数回同時出願〉の場合の返金の有無と申出期限、〈試験当日〉の集合時刻と終了予定時刻、持参するもの、〈面接〉の有無・集合時刻、〈合格発表〉の時刻と方法、〈入学手続締切〉の時刻・納入方法と金額（延納の有無）、〈入学手続後〉に納入金の返金制度がある場合には入学辞退の申出期限、手続き後の登校日などを書きこんでください。

※実際にご活用いただく際には、このページをB4サイズに拡大したうえで何枚か複写してご使用ください。

2014
平成26年度

文華女子中学校

学校説明会・学校見学会日程

● 学校説明会

12/ 7 土 10:00～11:00

● 入試問題解説会

11/ 9 土 13:30～15:30

11/24 日 10:00～12:00

● 体験学習(オープンスクール)

12/14 土 13:00～14:30

● 個別入試相談

個別の相談ができる日もあります!

1/11 土 10:00～12:00

● 入試報告会

小学5年生対象です!

2/22 土 10:00～11:30

Bunka Girls' Junior High School

MAP

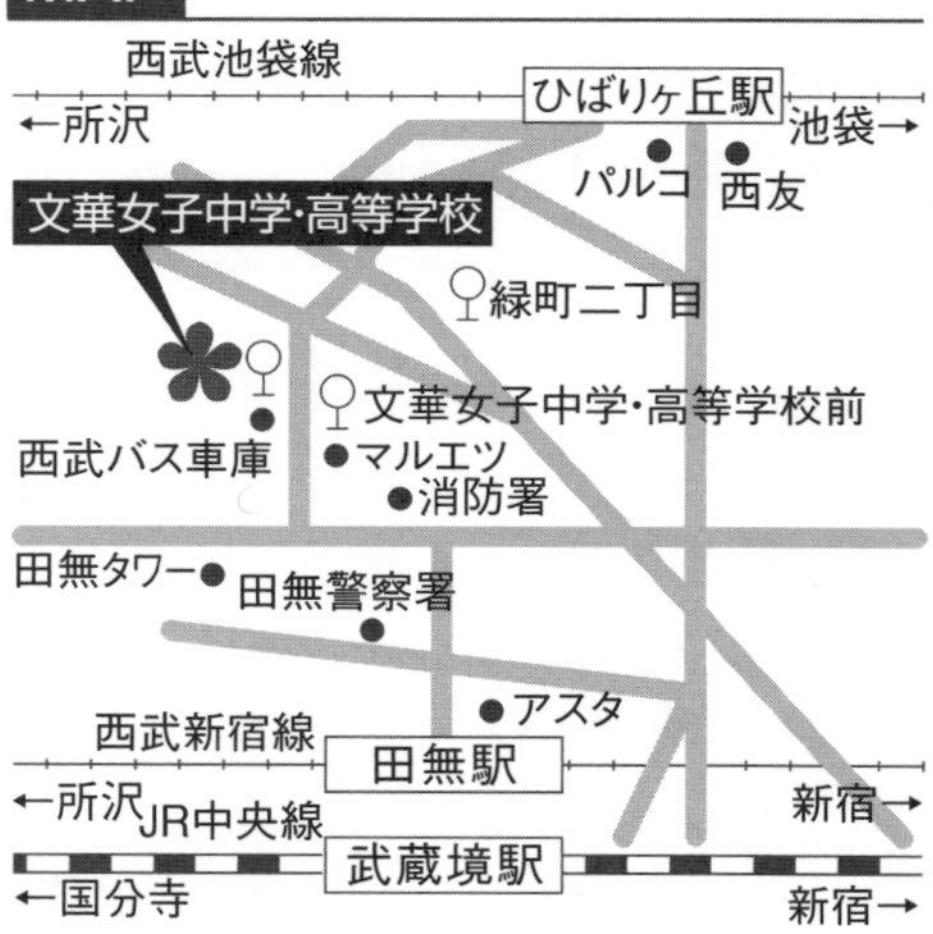

携帯からはこちら

校法人 日本文華学園
設 文華女子高等学校
文華女子中学校
188-0004 東京都西東京市西原町4-5-85
EL.042-463-2903(事務) FAX.042-463-5300
http://www.bunkagakuen.ac.jp/
jnyushi@bunkagakuen.ac.jp

ー中学受験のお子様を持つ親のためにー

わが子が伸びる親の『技《スキル》』研究会のご案内

主催：森上教育研究所　　協力：「合格アプローチ」他

ご両親がちょっとした技（スキル）を修得することで、お子様がその教科を好きになり、学習意欲がわいたり、思考のセンスを身につけたりできることがあります。ご両親がこうした技を身につけてお子様と楽しみながら学ぶことで、合格に近づく知的な子育ての醍醐味を味わってみませんか。この講演会は、塾で行う講演会ではありません。むしろどんな塾に通っていても役立つ、ご家庭でできて、しかもお子様が伸びる教育技術を広く公開する企画です。

平成25年度後期講座予定

主催：森上教育研究所　協力：「合格アプローチ」他
（ホームページアドレス）http://oya-skill.com

第9回　11月14日（木）　麻　布

金　廣志（悠遊塾主宰）

テーマ　麻布入試攻略法【小６対象】

内　容　麻布入試に絞った究極の攻略法。受験生の答案例などを参考にして4科の解法を指導します。麻布必勝をねらう受験生と父母にとっては必見の講座です

申込〆切11/12（火）

第10回　11月21日（木）　社　会

早川　明夫（文教大、『ジュニアエラ』監修、学研『応用自在』等執筆）

テーマ　社会時事問題対策【小４～小６対象】会場は私学会館です

内　容　入試においては例年８割以上の学校で時事問題が出題されています。ところが、時事問題は教科書や塾のテキストにはふつうのっていません。そこでどうしても時事問題に対する対策が必要です。本講演においては、時事問題の学習法とあわせて今年の国内外の重要な出来事を解説し、来年度入試の予想（時事問題関係を中心に）をお話したいと思います。

申込〆切11/19（火）

第11回　11月28日（木）　理　科

小川　眞士（小川理科研究所主宰、予習シリーズなどを執筆）

テーマ　理科の時事問題に関して【小3～小６対象】会場は私学会館です

内　容　自然現象や災害・環境問題等に関する関心が高まっている現在、理科の時事問題の出題は近年確実に増加しています。ところが、理科の時事問題については社会科に比べ取り上げられる機会が少ないのも事実です。昨年は地震や節電、今年は金環日食、金星や惑星に関しての出題が多く出題されています。この講演では、今年の理科の時事問題を中心におうちの方がお子さまと確認する上でのポイントを具体的におさえます。入試により直結する内容をお話しいたします。

申込〆切11/26（火）

第12回　12月2日（月）　国　語

早川　尚子（HP国語の寺子屋主宰）

テーマ　国語を育てること　子どもを育てること【低学年対象】

内　容　親子の会話や楽しい遊び、そして、だきしめること。日常の親子の関わり方が子どもの心を育み、国語の木の根っこを養います。10歳までに家庭でできる「国語を育てる生活」を考えます。参考図書「中学受験『国語嫌いは』親が救う」（中公新書ラクレ）

申込〆切11/28（木）

第13回　12月12日（木）　社　会

早川　明夫（文教大、『ジュニアエラ』監修、学研『応用自在』等執筆）

テーマ　社会　来年度入試をうらなう【小４～小６対象】

内　容　来年度の入試において、出題される可能性が高い予想問題を用意し、解答・解説を行う。最も追い込みがきく教科、それが社会科です。算数の1点も社会の1点も同じです。

申込〆切12/10（火）

◇**時間**：10：00 ～ 12：00
◇**会場**：第 10 回、11 回はアルカディア市ヶ谷私学会館（JR・地下鉄市ヶ谷駅下車徒歩 5 分）
それ以外は森上教育研究所セミナールーム（JR・地下鉄市ヶ谷駅下車徒歩 7 分）
◇**料金**：各回 3,000 円（税込）※決済を完了された場合はご返金できません。
◇**申込方法**：スキル研究会 HP（http://oya-skill.com/）よりお申込下さい。
メール・FAX の場合は、①保護者氏名　②お子様の学年　③郵便番号　④住所　⑤電話／ FAX 番号／メールアドレス　⑥参加希望回　⑦ WEB 会員に登録済みか否か　を明記の上お申込下さい。折り返し予約確認書をメールか FAX でお送りいたします。申込〆切日 16 時までにお申込下さい。また、電話での申込はご遠慮下さい。尚、本研究会は塾の関係者の方のご参加をお断りしております。

お電話での申込みはご遠慮下さい

お問い合わせ　：森上教育研究所　メール：ent@morigami.co.jp　FAX:03-3264-1275

中学受験

知っ得データ

表の見方（表については10月7日までの調査による。問い合わせは各校入試担当まで）

表はおもな私立中学・国立中学を対象に行ったアンケートによる。対象は一般入試。原則として10月7日までに回答のあった学校を掲載。一部回答表現を略したところもある。無回答の項目は省略／学校名後の◎は共学校●は男子校○は女子校□は別学校／質問項目①入学試験当日の遅刻について認めるか（認める場合試験開始何分までか）②保健室受験の準備はあるか③面接はあるか・あればその比重④合否判定での基準点はあるか・あればどの程度か⑤繰り上げ（補欠）合格はあるか・あればその通知方法は⑥入学手続きの延納・返還制度はあるか⑦来年度（'14年度）入試からの入試変更点

ア

青山学院◎
①20分まで　②原則認めないが状況により対応　③なし　④なし　⑤未定・電話

浅野●
①10分まで　②ある　③なし　④なし　⑤予定・電話　⑥未定　⑦各試験の休み時間変更する予定（15分→20分）

麻布●
①認めない　②ある　③なし　④なし　⑤未定・電話　⑥なし

足立学園●
①25分まで　②ある　③なし　④なし　⑤予定・掲示とインターネット　⑥2/5 15:00までに延納手続きをすれば2/13まで施設費100,000円延納可　⑦一般入試第3階2科のみへ（試験内容は基礎学力を問う問題）

跡見学園○
①認めない（場合により判断）　②ある　③なし　④なし　⑤予定・電話　⑦日程変更2/4→2/3

郁文館◎
①30分まで　②ある　③なし　④なし　⑤なし

市川◎
①認める　②ある　③なし　④なし　⑤なし　⑥1回目入試のみ入学金330,000円のうち150,000円納入により指定期日まで延納可

上野学園◎
①認める　②ある　③実施・ある程度考慮　④なし

浦和明の星女子○
①個別に対応　②ある　③なし　④なし　⑤予定・電話　⑥1/18までに延納手続書類提出により2/3まで入学金250,000円延納可　⑦なし

浦和実業学園◎
①認める（試験時間延長なし・交通事情が理由の場合は別時間設定で実施）　②ある　③なし　④なし　⑤予定・電話　⑥なし　⑦第2・第3回入試でも成績優秀者にはA特待合格を出す

栄光学園○
①認めない（事情により考慮）　②ある　③なし　④なし　⑤未定・電話　⑥2/5 16:00までに辞退の場合440,000円（入学金の一部・施設設備金）返還、2/21　16:00までに辞退の場合220,000円（施設設備金）返還

穎明館◎
①認める　②ある　③なし　④なし　⑤なし　⑥なし　⑦なし

江戸川学園取手◎
①10分まで　②ある　③なし　④なし　⑤なし　⑥2/4　16:00まで入学納入金300,000円のうち250,000円延納可　⑦なし

江戸川女子○
①認める　②ある　③なし　④なし　⑤予定（補欠合格）・電話　⑥都立中高一貫校受検者のみ延納可　⑦なし

桜蔭○
①20分まで　②ある　③実施・参考程度　④なし　⑤予定・掲示

桜美林◎
①20分まで　②ある　③なし　④なし　⑤予定・電話　⑥所定の期日までに入学金納入により残りの入学手続時納入金を2/7まで延納可

鷗友学園女子○
①30分まで　②ある　③なし　④全受験者の平均点の半分程度　⑤なし　⑥3/1までに辞退届提出により入学金を返還　⑦定員変更1次140名→160名　2次60名→40名

大妻○
①15分まで　②ある　③なし　④なし　⑤予定・電話　⑦募集定員変更第1回110名→120名　第3回50名→40名

大妻多摩○
①15分まで　②ある　③なし　④なし　⑤なし　⑥複数回出願の未受験分検定料返還可（入学手続き完了者のみ）　⑦2/1午後入試1終了時間17:25→17:30　2/1午後入試2開始時刻15:45→15:50　午後入試検定料22,000円→17,000円

大妻中野○
①20分まで　②ある　③なし　④なし　⑤予定・電話　⑥国公立中受検者は2/5　17:00までに手続をすれば2/9まで延納可　⑦2/3第4回午前→アドバンスト選抜午前に変更　アドバンスト選抜クラス2クラス→3クラス募集へ　2/1第2回アドバンスト選抜・2/2第3回アドバンスト選抜合格発表時にアドバンスト選抜繰り上げ候補者発表　複数回同時出願の場合入学検定料減額へ（入学者は未受験回分を返金）

大妻嵐山○
①認める　②本校入試のみある　③なし　④なし　⑤予定・電話　⑥なし　⑦スーパーアドバンスクラスと進学クラスの2クラス制へ　定員変更160名→80名

大宮開成◎
①20分まで　②ある　③なし　④なし　⑤予定・電話　⑥辞退の場合施設設備費150,000円を返還予定（3月中）　⑦日程変更1/16→1/14

小野学園女子○
①30分まで　②ある　③なし　④なし　⑤なし

カ

海城●
①認める　②ある　③なし　④ある・非公表　⑤予定・候補者へは文書郵送　合格者には電話連絡

開成●
①認める　②ある　③なし　④なし　⑤予定・電話　⑥2/28 15:00までに辞退の場合施設拡充資金返還

開智◎
①20分まで　②ある　③なし　④なし　⑤予定・電話　⑥3/31までに辞退の場合納入金全額返還　⑦日程・募集定員変更あり　1/10先端A入試実施へ

開智未来◎
①20分まで　②ある（会場によりない場合もあり）　③なし　④なし　⑤なし　⑥3/31まで全額返還　⑦定員増135名（T未来クラス新設）

海陽中等教育学校●
①認める　②別室受験の準備あり（学外会場のため保健室はない）　③面談および面接を実施・面談は参考程度　1/12入試Ⅱ本校会場の面接はかなり重視　④なし　⑤予定・インターネット　⑥一般・帰国入試は2/5　18:00までに辞退の場合入学費返還　⑦日程、特

暁星国際◎
①15分まで　②ある　③実施・参考程度　④なし　⑤未定・その他の方法　⑦特進・進学コース→レギュラー（特進コース）

共立女子○
①15分まで　②ある　③なし　④なし　⑤予定・電話　⑦定員変更A日程150名→160名・B日程110名→120名・C日程50名→30名

共立女子第二○
①30分まで　②ある　③なし　④なし　⑤予定・電話　⑥なし　⑦3回入試日程変更2/3→2/4

国本女子○
①理由・事情により認める　②ある（理由・事情により使用を判断）③なし　④なし　⑤なし　⑥なし　⑦なし

公文国際学園◎
①2/1は20分まで、2/3・2/5は15分まで認める　②ある　③なし　④2/3 B入試の国・算入試のみある　⑤予定・電話　⑥なし（締切は2/18まで）　⑦なし

慶應義塾◎
①認める（個別に対応）　②ある　③実施・かなり重視　④なし　⑤予定・電話　⑥入学金以外返還可

慶應義塾湘南藤沢◎
①当日判断する　②試験監督の判断による　③実施・非公表　④非公表　⑤予定・電報　⑥期日までに辞退を申し出た場合入学金を除く授業料等を返還

慶應義塾普通部●
①原則として認める　②ある（予定）　③実施・原則としてかなり重視　④なし　⑤予定・候補者は掲示　合格者は電話　⑥手続きにより入学金以外返還可　⑦なし

京華●
①20分まで　②ある　③なし　④なし　⑤なし　⑥第2志望以降であれば2/10まで延納可

京華女子○
①20分まで　②ある　③実施・ある程度考慮　④なし　⑤なし　⑥なし　⑦なし

恵泉女学園○
①10分まで　②ある　③A方式とS方式帰国生枠は実施・A方式→参考程度　S方式帰国生枠→ある程度考慮　④なし　⑤予定・電話　⑥なし　⑦2/2午後入試へ変更（S方式）

京北●
①認める　②ある　③2科受験生のみ実施・ある程度考慮　④約1割程度　⑤なし　⑥国公立受験の場合手続締切を延長　⑦2科・4科選択入試導入

啓明学園◎
①20分まで　②ある　③なし　④ある・非公表　⑤未定・掲示　⑦適性検査型入試実施へ

光塩女子学院○
①5分まで　②ある　③実施・参考程度　④なし　⑤予定・電話

晃華学園○
①30分まで　②ある　③なし　④なし　⑤予定・電話　⑥複数回出願の未受験分検定料返還可（入学手続き完了者のみ）

工学院大学附属◎
①30分まで　②ある　③なし　④なし　⑤予定・電話　⑥2月末までに辞退の場合設備充実費60,000円返還　⑦2/2午前第2回Aに「思考力テスト」導入（2科・4科・思考力テストのなかから選択）2/5午前第3回出願締切試験当日8:00まで延長

攻玉社●
①30分まで　②ある　③なし　④なし　⑤なし　⑦なし

麹町学園女子○
①認める　②ある　③なし　④なし　⑤予定・電話　⑥2/9 15：00までに辞退届提出により入学金返還

佼成学園●
①午前入試20分まで・午後入試50分まで　②ある　③なし　④なし　⑤なし

佼成学園女子○
①25分まで　②ある　③実施・まったく合否には関係しない　④なし　⑤未定　⑥入学手続き金分納可　100,000円納入し残金を9/1～9/10までに納入　⑦入試日程6回から5回へ

国府台女子学院○
①8:50まで認める　②ある　③なし　④なし　⑤未定　⑥第1回のみ分納可　⑦募集定員変更　推薦約40名→約50名　第2回約20名→約10名（第1回は変更なし）

香蘭女学校○
①認める　②ある　③実施・参考程度　④なし　⑤予定・電話　⑥なし　⑦なし

国学院大学久我山□
①25分まで（ST入試については出願時に申請があった場合30別給費生入試12/22、入試Ⅰ 1/5・入試Ⅱ 1/12、帰国Ⅰ 12/22・帰国Ⅱ 1/5（東京・名古屋で実施）　入試Ⅱ本校会場で国算理or国算社の3科入試＋面接重視の入試新設

かえつ有明◎
①10分まで　②ある　③帰国生入試のみ実施・参考程度　④なし　⑤予定・電話　⑥なし　⑦入学手続き期間2/10まで延長

学習院●
①15分まで　②なし　③なし　④なし　⑤予定・電話　⑥なし　⑦なし

学習院女子○
①50分まで　②ある　③実施・参考程度　④なし　⑤B入試はあり・電話　⑥なし　⑦なし

春日部共栄◎
①50分まで（予定）　②ある　③なし　④なし　⑤なし　⑥辞退の場合施設費を返還　⑦定員変更120名→160名　グローバルエリートクラスを新設　午後入試を導入

片山学園◎
①20分まで　②ある　③実施・参考程度　④なし　⑤なし　⑥入学辞退の場合入学金以外の諸費用（授業料・施設費）返還　⑦なし

神奈川学園○
①認める　②ある　③なし　④なし　⑤予定・電話　⑥2/8正午までに辞退の場合入学金・施設費返還、それ以降に辞退の場合施設費のみ返還　⑦2/1～2/4の全ての入試で帰国子女入試を実施

神奈川大学附属◎
①20分まで　②ある　③なし　④算数のみ40点程度　⑤未定・電話　⑥なし　⑦なし

鎌倉学園●
①20分まで　②ある　③なし　④なし　⑤予定・電話　⑥辞退者には入学金の半額返還

鎌倉女学院○
①認める　②ある　③なし　④なし　⑤未定・電話　⑥2/7正午までに辞退を申し出た場合入学金340,000円返還　⑦なし

鎌倉女子大学○
①認める（要事前連絡）　②ある　③S入試のみ実施・かなり重視　④非公表　⑤なし　⑥なし　⑦進学・特進コースともに5回目の入試を設定　進学コース5回目をS入試とし2科＋面接を実施

カリタス女子○
①1時間目終了まで　②ある　③なし　④なし　⑤なし　⑥3月末までに辞退を申し出れば施設拡充費150,000円返還　⑦定員変更第1回50名→40名・第2回40名→50名　日程変更第3回2/7→2/6　帰国生入試2/1・2/3の2回実施へ

川村○
①認める（要連絡・時間は状況に応じて対応）　②ある　③実施・参考程度　④なし　⑤未定・その他　⑥なし　⑦募集定員・入試日・入試回数変更

神田女学園○
①20分まで　②ある　③なし　④約3～4割程度　⑤なし　⑥なし　⑦適性検査型入試を導入

関東学院◎
①認める（時間制限はないが、試験時間は延長しない）　②ある　③なし　④なし　⑤未定　⑥一期A・B・C入試は2/7 15:00まで特別施設費200,000円分納可　⑦2/5午後入試廃止　2/7入試新設

関東学院六浦◎
①1時間目終了までに入室　②ある　③なし　④なし　⑤未定　⑥2/8正午までに辞退の場合特別施設費200,000円返還

北鎌倉女子学園○
①20分まで（1限目のみ）　②ある　③実施・参考程度　④なし　⑤なし　⑥2/8正午までに辞退手続完了の場合施設設備費返還　⑦音楽コース受験科目2科・4科選択→2科のみ

北豊島○
①認める　②ある　③実施・参考程度　④なし　⑤なし　⑥なし　⑦2/2午前AO特待入試実施（国・算より1科目選択）

吉祥女子○
①20分まで　②ある　③なし　④なし　⑤未定・電話　⑥2/28正午までに辞退の場合施設拡充費返還

共栄学園◎
①30分まで　②ある　③実施・参考程度　④なし　⑤なし　⑥公立中高一貫校及び春日部共栄中受験者は延納制度あり　手続後に辞退の場合施設費返還可　⑦第3回一般入試→特待・特進入試第2回・第3回を特待・特進入試へ（入試科目2科・4科選択へ）特進コース募集5名増　複数回受験加点制度導入2回目5点加点・3回目10点・4回目15点　その他にも変更あり要募集要項確認

暁星●
①15分まで　②ある　③なし　④なし　⑤予定・電話　⑥なし　⑦なし

芝浦工業大学●
①20分まで　②ある　③なし　④なし　⑤なし　⑥申請用紙提出により入学金以外延納可　⑦なし

芝浦工業大学柏◎
①20分まで　②ある　③帰国生入試のみ実施　④なし　⑤なし・行う場合電話　⑥延納手続金50,000円納入により2/4まで延納可（ただし第3回は延納不可）　⑦3回同時出願可へ（3回目は試験当日出願も受付）　3回目はwebによる合格発表は行わない

渋谷教育学園渋谷◎
①認める（時間は状況により対応）　②ある　③なし　④なし　⑤予定・電話　⑥期日までに申し出た場合一部返還制度あり　⑦なし

渋谷教育学園幕張◎
①認める　②ある　③なし　④なし　⑤なし　⑥一次試験のみ期間内に50,000円納入により2/3まで延納可　⑦帰国入試時程変更（10:20集合）

秀光◎
①10分まで　②ある　③なし　④約5割程度　⑤なし　⑥年度内に辞退の場合施設設備費140,000円返還可

修徳◎
①認める　②ある　③実施・かなり重視　⑤なし

十文字○
①15分まで　②ある　③なし　④なし　⑤未定　⑥3/31　16:00までに辞退届提出により施設費返還　⑦日程変更2/4→2/3　募集定員2/1午後40名→80名・2/2　80名→40名

淑徳◎
①20分まで　②ある　③なし　④なし　⑤なし　⑥手続締切2/11まで　2月末までに辞退の場合全額返還　⑦なし

淑徳SC○
①15分まで　②ある　③実施・ある程度考慮　④なし　⑤未定　⑥なし　⑦特選（特別選抜コース）と総進（総合進学コース）の2コース制へ

淑徳巣鴨◎
①認める　②ある　③進学コース入試第1回・第2回のみ実施・かなり重視　④なし　⑤未定　⑥特進コース入試の特待合格者は手続期間内に延納手続きを行えば2/9　16:00まで延納可　公立中高一貫校合格者は2/9　16:00までに辞退の場合入学手続時納入金を返還

淑徳与野○
①50分まで（1限終了まで入室可）　②ある　③なし　④なし　⑤第2回のみ予定・電話　⑥3/29までに辞退の場合入学金以外の納入金を返還　⑦なし

順天◎
①試験科目終了まで　②ある　③なし　④なし　⑤未定　⑥入学金を手続日に納めていれば残額を2/10正午まで延納可　⑦2/3特別入試中止

頌栄女子学院○
①原則認めない　②ある　③実施・参考程度　④なし　⑤なし　⑥なし　⑦なし

城西川越●
①15分まで　②ある　③なし　④なし　⑤未定　⑥2/25　13:00までに辞退の場合施設費200,000円を返還　⑦特別選択入試と一般入試を分けて実施する　特別選択入試での成績優秀者は入試特待生に認定　受験料1回20,000円へ（複数回同時出願割引制度あり）

城西大学附属城西◎
①20分まで　②ある　③なし　④なし　⑤予定・電話　⑥併願については全額延納可　⑦日程・募集定員変更あり

常総学院◎
①20分まで　②なし　③なし　④なし　⑤なし　⑥一般入試で延納可　⑦なし

聖徳学園◎
①20分まで　②ある　③なし　④なし　⑤予定・電話　⑥なし　⑦特待選抜入試において一般クラスへのスライド合格を実施

湘南学園◎
①認める（試験時間延長なし）　②ある　③なし　④なし　⑤未定・掲示とインターネット　⑥なし　⑦2/1試験開始時間国語13:10→13:20　算数16:10→16:20　A・B・C日程合格通知受領期間2/5正午まで延長

湘南白百合学園○
①20分まで（ただし1校時中であれば20分以上でも別室受験可）　②ある　③実施・参考程度　④なし　⑤予定・電話

昌平◎
①20分まで　②本校会場のみある　③なし　④なし　⑤なし　⑥兄・姉が昌平中高に在籍中の場合・同時に兄弟姉妹が昌平中高入学の場合入学金返還制度あり　昌平高卒業生の子女または弟・妹が入学の場合入学金半額へ　⑦日程変更　SS入試→1/11　一般入試第4日→1/16

カ

分送れのB日程で受験可）　②ある　③なし　④なし　⑤未定　⑦ST入試の配点・試験時間変更　国・算各100点各50分→国100点50分・算150点60分

国際学院◎
①認める　②ある　③なし　④非公表　⑤非公表　⑥授業料・施設費・施設維持費は12回分納可　⑦第3回入試4教科（国社）（算理）複合記述へ

国士舘◎
①10分まで　②ある　③実施・ある程度考慮　④なし　⑤なし　⑥2/10までに辞退した場合施設費返還　⑦入試科目変更　第1回午前国算の2科　第1回午後国算いずれか1科（当日選択）　第2回2科・4科選択（出願時選択）　第3回2科

駒込◎
①25分まで　②ある　③なし　④なし　⑤なし　⑥公立中高一貫校受検者は公立校合格発表の翌日正午まで延納可（要事前登録）　⑦なし

駒沢学園女子○
①20分まで　②ある　③なし　④なし　⑤なし　⑥なし　⑦2/1午前に適性検査・PISA型入試導入

駒場東邦●
①認める（時間は事情により対応）　②ある　③なし　④なし　⑤予定・電話　⑥なし　⑦なし

サ

埼玉栄◎
①1科目目終了まで　②ある　③なし　④なし　⑤なし　⑥3/31までに辞退の場合入学金以外返金　⑦1/10午前に栄東のA日程を受験し、午後に埼玉栄難関大クラス（特待）Ⅰを受験する場合、埼玉栄の受験料が5,000円になる。

埼玉平成◎
①20分まで　②ある　③なし　④約5割程度　⑤予定・電話　⑥延納手続により2/5まで延納可（専願入試は延納なし）　3/31までに辞退の場合施設設備費120,000円返還　1/12第2回・1/25第3回筆記とリスニングの英語入試実施

栄東◎
①認める　②ある　③帰国生入試のみ日本語面接を実施・ある程度考慮　④なし　⑤なし　⑥願書に併願校を記入すれば最終手続日2/7まで延納可　⑦定員変更難関大クラス120名→160名・東大クラス120名→80名　A日程合格者の半数程度は東大クラス合格へ　東大ⅠではA日程受験者に20点加点　B日程では最大30点の加点　東大Ⅰは合格者全員特待　東大Ⅲは国・算または理・算から選択

相模女子大学○
①20分まで　②ある　③なし　④なし　⑤なし　⑥施設費返還可　⑦特待入試、A特待を廃止しB特待のみへ

佐久長聖◎
①20分まで　②ある　③なし（特別奨学生合格者は実施）　④なし　⑤予定・電話　⑥入学者は申請により入学金・施設費分納可　⑦東京入試奨学金制度導入　東京入試会場慶應大三田キャンパスへ

桜丘◎
①45分まで（1教科終了時まで）　②ある　③なし　④なし　⑤なし　⑥公立一貫校受検者は2/10　15:00まで延納可　⑦特待判定4科受験のみ→2科・4科受験において特待判定　WEB出願導入　出願書類、願書への添付写真と通知票コピーの提出なしへ　入学検定料納入方法変更窓口のみ→銀行振込・クレジットカード払い・コンビニ支払い　入学検定料変更20,000円→23,000円

狭山ヶ丘高等学校付属◎
③実施　④なし　⑤未定・合格通知とともに候補者通知を郵送し、合格の場合個別に連絡　⑥なし

サレジオ学院●
①認めない　②ある　③なし　④なし　⑤未定　⑦なし

自修館中等教育学校◎
①認める　②ある　③なし　⑤なし　⑥3/31　17:00までに辞退の場合2次入学手続き金返還　公立中高一貫校受検者は2/10正午まで1次手続金を延納可　⑦2/2午後入試追加　1次入学手続期間2/7正午まで延長

実践学園◎
①認める　②ある　③なし　④なし　⑤なし　⑥第2志望の場合3/15の新入生ガイダンスまでに辞退すれば施設設備資金110,000円を返還　⑦なし

実践女子学園○
①認める　②ある　③なし　④なし　⑤追加合格をだす可能性あり・電話　⑥2/28　15:00までに辞退手続きを行えば入学金の一部30,000円を返還　⑦理社の時間配分合わせて50分→各30分

品川女子学院○
①30分まで　②ある　③なし　④なし　⑤予定・電話と電報　⑥2/16　15:00までに辞退を申し出た場合入学手続金350.000円全額返金　⑦試験日・発表日・出願締切日・手続締切日変更あり

芝●
①30分まで　②ある　③なし　④なし　⑤予定・電話　⑦なし

試を除く全ての入試でＳ選抜クラス・選抜クラス・進学クラス判定を実施　入試得点の高い順にＳ選抜・選抜・進学の合格者を決定　受験料のコンビニ・クレジットカード払い対応へ

聖ドミニコ学園○
①20分まで　②ある　③なし　④なし　⑤未定　⑥辞退の場合施設維持費を返還　⑦出願が土曜日も16:30まで可能へ

星美学園○
①30分まで　②ある　③なし　④なし　⑤なし　⑥なし　⑦面接廃止　入試日程変更あり　スカラシップ（奨学生制度）変更あり

西武学園文理◎
①20分まで　②ある　③海外帰国受験生のみ実施・参考程度　④なし　⑦学則定員1学年210名へ　第3回日程変更1/18→1/15　1/23第4回特別選抜クラス入試新設（1/23は特選クラス入試のみ）第4回特別選抜クラス入試試験科目（国・算＋理・社から1教科選択の3教科）　複数回受験者優遇・スライド合格判定を実施　募集人員変更第3回20名→15名・第4回特選クラス入試（新設）5名

西武台千葉◎
①20分まで　②ある　③なし　④ある・非公表　⑤予定・電話　⑥2/21正午までに辞退の場合施設設備金160,000円返還

西武台新座◎
①1限終了まで　②ある　③なし　④なし　⑤なし　⑥入学金返還可　⑦特選・特進チャレンジ入試、特待入試新設

聖望学園◎
①20分まで　②ある　③専願入試のみ実施・ある程度考慮　④なし　⑤追加合格を出す可能性あり・電話　⑥2/21までに辞退届を提出した場合納入金の一部10,200円を返還　⑦延納手続金廃止　被災奨学生試験廃止　日程変更第4回1/15→1/18・第5回1/21→2/6　特待奨学生試験を第4回・第5回も実施　定員変更第2回10名→15名・第3回20名→15名

聖ヨゼフ学園○
①20分まで　②ある　③実施・参考程度　④なし　⑤予定・電話　⑥3/31までに辞退の場合施設設備資金返還　⑦2/1A方式1次・B方式を同時受験可へ　2/2A方式2次（午前）・A方式3次（午後）を新設

成立学園◎
①30分まで　②ある　③なし　④なし　④なし　⑥延納可　3/31までに辞退の場合施設費返還

青稜◎
①15分まで　②ある　③なし　④なし　⑤なし　⑥延納願提出により2/22　13:00まで延納可

聖和学院○
①15分まで　②ある　③なし　④約1．5割程度　⑤未定　⑥3/15　15:00までに辞退の場合施設拡充費200,000円を返還

世田谷学園●
①国語の試験時間内　②ある　③なし　④なし　⑤未定・電話　⑥なし　⑦なし

専修大学松戸◎
①認める（時間制限なし）　②ある　③なし　④なし　⑤予定・電話　⑥入学金の一部50,000円納入により残金を2/3　16:00まで延納可　⑦2/3第3回合格発表を当日21:00インターネット発表へ　第2回入試1/26に実施

洗足学園○
①20分まで　②ある　③帰国生のみ実施　④帰国生入試は面接20点未満は不合格　それ以外はなし　⑤予定・電話　⑥施設費2/22まで返還可（それ以降でも申し出れば返還可）　⑦なし

捜真女学校○
①個別に対応（要相談）　②ある　③実施・参考程度　④なし　⑤予定・電話　⑦帰国生入試実施　午後入試実施

相洋◎
①15分まで　②ある　③実施・ある程度考慮　④国・算のみ約3,5割程度　⑤なし　⑥なし　⑦なし

タ

高輪●
①20分まで　②ある　③なし　④なし　⑤未定　⑥なし　⑦帰国生入試1/12の1回のみへ（2科・3科から選択　面談・作文廃止）

橘学苑◎
①20分まで　②ある　③なし　④なし　⑤なし　⑥なし　⑦なし

玉川学園◎
①認める　②ある　③実施・かなり重視　④なし　⑤なし・行う場合掲示とインターネット　⑥期限までに辞退を申し出た場合入学金以外を返還　⑦2/1午前2科・4科選択制へ

玉川聖学院○
①20分まで　②ある　③実施・参考程度　④なし　⑤予定・電話　⑥公立中高一貫校受検者は延納可（2/3午後のみ）　⑦入試日程変更あり　2/3に総合学力試験を実施・内容も変更　公立中高一貫校併願者の入学金延納可へ

城北●
①30分まで　②ある　③なし　④なし　⑤予定・電話　⑥高校入試はあるが中学入試は延納なし　⑦なし

城北埼玉●
①認める（試験時間延長なし）　②ある　③なし　④なし　⑤予定・電話　⑥なし　⑦なし

昭和学院◎
①20分まで　②ある　③実施・ある程度考慮　④なし　⑤なし　⑥第2・第3の一般入試、手続き期間に入学金の一部20,000円納入により残金を2/13まで延納可　⑦名称変更第1回（第一志望入試）→第1回（推薦入試）　それにより推薦書の提出が必要へ

昭和学院秀英◎
①20分まで　②ある　③なし　④なし　⑤なし　⑥手続締切日までに50,000円納入により残額250,000円を指定日まで延納可　⑦定員変更　第1回40名→35名　第2回100名→105名

昭和女子大学附属昭和○
①25分まで　②ある　③なし　④なし　⑤未定・電話　⑥なし　⑦募集定員変更A70名→60名・B70名→60名

女子学院○
①10分まで　②ある（保健教師の判断による）　③実施・ある程度考慮　④なし　⑤未定・電話　⑥なし　⑦合格発表2/2へ

女子聖学院○
①20分まで　②ある　③なし　④なし　⑤予定・電話　⑦同時出願で初回に合格した場合受験料の返還制度あり

女子美術大学付属○
①認める　②ある（状況により対応）　③実施・参考程度　④なし　⑤補欠を得点順に掲示発表　合格の場合個別に連絡　⑥2/8正午までに入学辞退届を提出した場合入学料以外を返還

白梅学園清修○
①認める（時間は状況により対応）　②ある　③なし　④なし　⑤なし　⑥都立中高一貫校受検生は2/11正午まで延納可　⑦2/1・2/2入試科目変更あり

白百合学園○
①15分まで　②ある　③実施・参考程度　④なし　⑤予定・電話　⑥なし　⑦面接「保護者1名でも可」→「保護者1名のみ」へ

巣鴨●
①20分まで　②ある　③なし　④なし　⑤未定・掲示　⑥なし

杉並学院◎
①20分まで　②ある　③実施・かなり重視　④なし　⑤なし・行う場合はインターネット　⑥辞退の場合設備資金50,000円返還　⑦なし

逗子開成●
①原則認めない（個別に判断するので要連絡）　②ある　③なし　④なし　⑤予定・電話　⑥2/12までに辞退の場合入学金250,000円返還、その他の校納金293,000円は2/14まで延納可・辞退者には返還　⑦帰国生入試日程1/11→1/9

駿台学園◎
①認める　②ある　③なし　④なし　⑤なし　⑥返還制度あり　⑦なし

聖学院●
①認める　②ある　③なし　④なし　⑤合格発表時に候補者を発表後、合格の場合電話　⑥2/5正午までに辞退届を提出した場合入学金以外返還　⑦募集定員変更第1回60名→70名　第3回特待15名→10名　第4回特待15名→10名

成蹊◎
①15分まで　②ある　③なし　④なし　⑤予定・電話　⑥3/31　15:00までに入学辞退書提出により入学金以外返還　⑦なし

聖光学院●
①原則認めないが事情により対応する場合もある　②ある　③なし　④なし　⑤未定・電話　⑥設備拡充費2/28まで延納可　辞退の場合設備拡充費230,000円返還可　⑦帰国生入試変更あり

成城●
①認めない　②ある　③なし　④なし　⑤なし　⑥なし　⑦第3回入試新設　定員変更第2回110名・第3回30名へ

成城学園◎
①認める　②ある　③なし　④なし　⑤未定　⑥なし

聖心女子学院○
①20分まで　②ある　③実施・ある程度考慮　④なし　⑤未定　⑥辞退者には学校設備費返還可　⑦帰国生入試のみへ

聖セシリア女子○
①15分まで　②ある　③なし　④なし　⑤未定・電話

清泉女学院○
①15分まで　②ある　③一期のみ実施・まったく合否には関係しない　④なし　⑤予定・電話　⑥2/7　16:00までに辞退の場合施設費を返還

聖徳大学附属女子○
①認める　②ある　③なし　④なし　⑤なし　⑥なし　⑦特待入

16:00までに申請書提出により2/7 16:00まで延納可（適性検査型は公立発表当日16:00まで） ⑦なし

東京女学館○
①20分まで（午後入試のみ30分間隔で2段階設定あり） ②ある ③なし ④なし ⑤予定・電話 ⑥2/8 11:00までに辞退申請をした場合納入金の一部（施設費）返還可 ⑦なし

東京女子学院○
①15分まで ②ある ③実施・ある程度考慮 ④なし ⑤なし ⑥3/8 13:00までに辞退の場合施設設備費返還 ⑦入学選抜料10,000円→20,000円

東京女子学園○
①午後入試のみ認める・約60分まで ②ある ③なし ④なし ⑤なし ⑥入学金以外は3/24までに納入

東京成徳大学◎
①45分まで ②ある ③なし ④なし ⑤予定・電話 ⑥なし ⑦入試日程等変更あり

東京成徳大学深谷◎
①10分まで ②ある ③なし ④なし ⑤なし ⑥なし ⑦高崎会場入試廃止 第3回入試日程変更1/12→1/18 第1～3回の手続日変更

東京電機大学◎
①30分まで ②ある ③なし ④約2割程度 ⑤予定・電話 ⑥なし ⑦募集定員第2回25名→30名 第3回50名→45名

東京都市大学等々力◎
①20分まで ②ある（インフルエンザのみ） ③なし ④なし ⑤未定 ⑦特進3回→2回 帰国子女入試実施へ

東京都市大学付属●
①15分まで ②ある ③なし ④なし ⑤予定・電話 ⑥手続時に入学金の一部50,000円納入により残金200,000円は入学後に校納金とともに納入 ⑦帰国生入試導入 募集定員変更Ⅱ類40名→80名 Ⅰ類200名→160名

東京農業大学第一高等学校◎
①認める ②ある ③なし ④なし ⑤なし ⑥なし ⑦なし

東京農業大学第三高等学校附属◎
①認める ②ある ③なし ④なし ⑤未定 ⑥なし ⑦1/24廃止 1/10午前新設（総合理科の1科目入試） 第2～第4回2科・4科入試へ（科目ごとの配点は異なる）

東京立正◎
①認める（時間は状況により判断） ②ある ③実施・かなり重視 ④なし ⑤未定 ⑥なし ⑦特待生入試受験者の面接を廃止

桐光学園□
①認める ②ある ③なし ④なし ⑤なし ⑥なし ⑦なし

東星学園◎
①15分まで ②ある ③実施・かなり重視 ④約5割程度 ⑤なし ⑥3/29 16:00までに辞退の場合施設設備費150,000円返還

桐朋●
①原則認めない ②ある ③なし ④なし ⑤なし ⑥2/7正午までに辞退の場合入学金の一部返還可 ⑦なし

桐朋女子○
①認めない ②なし ③実施・A入試口頭試問（かなり重視） B入試面接（参考程度） ④非公開 ⑤予定・電話 ⑥納入金の一部（建築資金）返還制度あり ⑦手続日延長2/1 A入試→2/5まで 2/3 B入試→2/6まで

東邦大学付属東邦◎
①認める（原則試験時間延長なし・交通事情等の場合別途対応） ②ある ③なし ④なし ⑤未定 ⑥前記入試のみ手続期間内に入学金のうち170,000円納入により残金170,000円を2/4まで延納可 ⑦なし

東洋英和女学院○
①20分まで ②ある ③実施・参考程度 ④なし ⑤予定・電話 ⑥なし ⑦B日程試験日2/3へ

藤嶺学園藤沢●
①10分まで ②ある ③なし ④なし ⑤予定・電話 ⑥2/11 15:00までに辞退の場合施設設備資金200,000円返還可 ⑦第4回2/6→2/5

トキワ松学園○
①45分まで（やむをえない理由のみ） ②ある ③なし ④なし ⑤予定・電話 ⑥3/31までに辞退の場合施設設備費返還 ⑦特待入試が特待生のみを選抜する入試へ変更 2/2午前適性検査型入試新設 2/3午後1教科選択（国・算より選択）を新設

土佐塾◎
①20分まで ②ある ③実施・後期日程のみかなり重視 ④なし ⑤なし ⑥施設協力金分納可 ⑦なし

豊島岡女子学園○
①20分まで ②状況により可能（要事前連絡） ③なし ④なし ⑤予定・掲示とインターネット ⑥指定期日までに辞退を申し出

タ

多摩大学附属聖ヶ丘◎
①20分まで ②ある ③なし ④なし ⑤なし ⑥なし ⑦なし

多摩大学目黒◎
①50分まで ②ある ③なし ④なし ⑤予定・電話 ⑥なし ⑦なし

千葉日本大学第一◎
①認めない ②ある（原則認めない） ③なし ④なし ⑤未定 ⑥第1期入試のみ手続期間内に入学金の一部50,000円納入により残金250,000円を2/4 15:00まで延納可 ⑦第2期入試定員変更男女計90名→80名

千葉明徳◎
①20分まで ②ある ③実施・ある程度考慮 ④なし ⑤予定・掲示と電話 ⑥延納希望者は願書の該当欄に記入 ⑦外部入試実施会場変更東京ベイ幕張ホール→津田沼モリシアホール 外部入試日程変更午後入試（2科のみ）→午前（2科と4科）午後（2科）の3区分からいずれかひとつ選択

中央大学附属◎
①状況により対応 ②ある ③なし ④なし ⑤未定 ⑥なし ⑦なし

中央大学附属横浜◎
①10分まで ②ある ③なし ④ある・平均点の50%以下 ⑤未定

千代田女学園○
①30分まで ②ある ③実施・参考程度 ④なし ⑤なし ⑦適性検査型入試導入

筑波大学附属◎
①なし ②ある ③なし ④なし ⑤予定・電話と手紙 ⑥なし ⑦なし

筑波大学附属駒場●
①40分まで ②ある ③なし ④なし ⑤予定・電話

土浦日本大学◎
①1時間目15分まで 2時間目以降は5分まで ②ある ③なし ④なし ⑤予定・電話 ⑥一般入試4科型のみ30,000円納入により2/5まで延納可 ⑦SAT入試新設

鶴見大学附属◎
①10分まで ②ある ③なし ④なし ⑤未定 ⑥なし ⑦なし

帝京◎
①20分まで ②ある ③なし ④なし ⑤なし ⑦複数回受験の優遇処置設定へ

帝京大学◎
①午前入試のみ30分まで ②ある ③なし ④なし ⑤なし ⑥なし ⑦なし

田園調布学園○
①認める（時間は非公表） ②ある ③実施・参考程度 ④なし ⑤未定・電話 ⑥延納届提出により2/11正午まで延納可 ⑦なし

戸板○
①20分まで ②ある ③なし ④なし ⑤未定 ⑥なし ⑦受験日程・特待制度変更あり

桐蔭学園□
①認める ②ある ③なし ④なし ⑤なし ⑥入学金2/7まで他は3/7まで ⑦男女ともに募集定員変更 特別奨学生制度変更あり

東海大学菅生高等学校◎
①認める（試験時間延長なし） ②ある ③実施・ある程度考慮 ④なし ⑤なし ⑥2/1 1-B入試のみ延納可

東海大学付属浦安高等学校◎
①20分まで ②ある ③推薦入試のみ実施・参考程度 ④なし ⑤なし ⑥A・B試験納入金の半額160,000円納入により残額を2/5まで延納可 ⑦B試験1/22→1/24（A試験合格発表後にB試験出願日を設定したため）

東海大学付属相模高等学校◎
①15分まで ②ある ③実施・かなり重視 ④なし ⑤なし ⑥なし ⑦なし

東海大学付属高輪台高等学校◎
①15分まで ②ある ③なし ④なし ⑤予定・電話 ⑥3/31午後までに入学辞退届提出により（郵送は3/31消印有効）施設費返還可 ⑦なし

東京家政学院○
①15分まで ②ある ③なし ④なし ⑤なし ⑥なし ⑦なし

東京家政大学附属女子○
①25分まで ②ある ③なし ④なし ⑤予定・電話 ⑥なし ⑦なし

東京学館浦安◎
①認める（事情により対応） ②ある ③第Ⅴ期のみ実施・参考程度 ④なし ⑤なし ⑥延納願提出により延納可

東京純心女子○
①10分まで ②ある ③なし ④なし ⑤予定・電話 ⑥2/6

広尾学園◎
①30分まで ②ある ③なし ④なし ⑤なし ⑥なし ⑦なし

フェリス女学院○
①20分まで ②ある ③実施・参考程度 ④なし ⑤未定・電話 ⑥辞退手続きにより納入金の一部返還可 ⑦日程変更試験2/1、合格発表2/2、入学手続き2/3

富士見○
①10分まで ②ある ③なし ④なし ⑤予定・掲示とインターネット ⑥設備費50,000円+PTA・生徒会各1,000円合計52,000円返還可 ⑦なし

富士見丘○
①20分まで ②原則なし ③実施・ある程度考慮 ④なし ⑤未定 ⑥3月末日までに辞退の場合入学金以外の納入金返還 ⑦午後入試集合時間14:00→14:30

藤村女子○
①認める ②なし ③なし ④なし ⑤なし ⑥なし ⑦なし

武相●
①認める（時間は事情により考慮） ②ある ③なし ④なし ⑤なし ⑥なし ⑦なし

雙葉○
①認めない ②ある ③実施・参考程度 ⑤なし

武南◎
①20分まで ②ある ③なし ④なし ⑤予定・電話 ⑦第4回廃止 受験料初回20,000円・再受験5.000円へ 入学手続き締切2/6 15:00までへ

普連土学園○
①30分まで ②ある ③なし ④なし ⑤予定（状況により出ない場合もあり）・電話 ⑥入学金分納可400,000円のうち300,000円を各回締切日までに納入により残金を2/8 16:00まで延納可 ⑦なし

文化学園大学杉並○
①30分まで ②ある ③なし ④なし ⑤予定・電話 ⑥適性型入試（A入試）は都立中高一貫校の合格発表日まで延納可 施設費返還可 ⑦「難関進学グローバルコース」新設（それに伴い2/1午後・2/2午前・特待選考あり）

文華女子○
①20分まで ②ある ③実施・参考程度 ④なし ⑤なし ⑥なし ⑦入試回数5回→4回 2/1午前は2科・4科・適性（公立一貫型）から選択へ変更

文京学院大学女子○
①認めない ②ある ③なし ④ある ⑤未定 ⑥延期願提出により併願校合格発表翌日15:30まで延納可

文教大学付属◎
①10分まで ②ある ③なし ④なし ⑤なし ⑥なし ⑦なし

法政大学◎
①認めない ②ある ③なし ④なし ⑤予定・電話 ⑦募集定員変更第1回・第2回60名→50名 第3回20名→40名

法政大学第二●
①20分まで ②ある ③なし ④なし ⑤未定 ⑥入学時教育充実費50,000円返還可 ⑦なし

宝仙学園理数インター◎
①20分まで ②ある ③なし ④なし ⑤なし ⑦2/4公立一貫入試対応特待選抜入試実施（定員10名） 2/1午前定員30名→20名

星野学園◎
①認める ②ある ③なし ④なし ⑤未定・電話 ⑥なし ⑦試験回数6回へ（理数選抜入試3回・進学クラス入試3回） 入試日程1/10午前午後・1/11午前午後・1/14・1/15 進学クラス入試第3回で理数選抜クラスへのスライド合格判定を実施 理数選抜入試第1回は国・算・理3教科、進学クラス入試第2回は国・算2教科へ

本郷●
①1時限開始20分まで ②ある ③なし ④なし（ただし1科目でも0点があると不合格） ⑤予定（行わない場合もある）・電話 ⑥複数回出願の未受験分検定料返還可（入学手続き完了者のみ） ⑦入試日程・手続き等変更あり

本庄東高等学校附属◎
①50分まで ②なし ③なし ④なし ⑤予定・電話 ⑥第1回・第2回1/31までに延納願提出により2/5まで延納可 2/6 13:00までに辞退の場合施設拡充費返還 ⑦延納制度導入 帰国生入試導入

マ

聖園女学院○
①20分まで ②ある ③実施・まったく合否には関係しない ④なし ⑤予定・電話 ⑥2/6 15:00まで延納可 ⑦帰国生入試1/7へ 1/7帰国生入試・2/2午後3次の当日出願受付へ 手続き締切2/6まで延長 どの科目も基礎学力を問う問題を多く出題する入試内容へ

た場合施設設備費130,000円返還 ⑦なし

獨協●
①認める ②ある ③なし ④なし ⑤予定・電話 ⑥なし ⑦募集定員変更2/2 80名→90名、2/3 50名→40名

獨協埼玉◎
①20分まで ②ある ③なし ④なし ⑤未定・電話 ⑥なし ⑦第1回入試会場学校と川口会場の2カ所へ

ナ

中村○
①午後入試のみ認める・60分まで（それ以降は1科目目の受験時間が短くなる形で受験可） ②ある ③なし ④なし ⑤予定・電話 ⑥返還可（期限あり） ⑦2/1午後・2/2午後定員12名・2科4科選択→定員10名・4科 2/2午前定員40名→34名 2/5午前増設（定員10名・2科4科選択）

二松学舎大学附属柏◎
①認める（時間は個別に対応） ②ある ③なし ④なし ⑤予定・電話 ⑥なし ⑦第一志望入試を実施 第2回・第3回で特別特待生と特別奨学生選考を実施

新渡戸文化○
①25分まで ②ある ③実施・ある程度考慮 ④なし ⑤未定・掲示、インターネット、電話 ⑦適性検査廃止 グローカル入試（作文とプレゼン）・1教科入試（英・算・国）導入

日本学園●
①30分まで ②ある ③なし ④なし ⑤予定・電話 ⑥なし ⑦SS特進適性検査入試2/1午前へ変更 2/4にも入試日を設定

日本工業大学駒場◎
①30分まで ②ある ③なし ④なし ⑤予定・電話 ⑥なし ⑦第4回2/5→2/4（合格発表2/4 17:00頃へ） 出願期間第1回1/20～1/31、第2～4・特待は1/20～試験開始30分前までへ 特待入試「特待生志願書」廃止 特待制度内容変更あり

日本女子大学附属○
①認める ②ある ③実施・参考程度 ④なし ⑤予定・電話 ⑥申し出により施設設備費283,000円延納可 3/31までに辞退の場合施設設備費返還可

日本大学◎
①20分まで ②ある（状況により対応） ③なし ④なし ⑤未定

日本大学第一◎
①認める（時間は特に定めていないが不受験科目が1科でもあれば不可） ②ある ③なし ④なし ⑤なし ⑥なし ⑦名称変更特別選抜→2科選択 出願開始日1/20、手続締切日2/10に統一

日本大学第三◎
①10分まで入室可 それ以降は別室対応 ②ある ③なし ④なし ⑤予定・電話 ⑥なし ⑦定員変更1回目160名→166名 手続締切2/6→2/7

日本大学第二◎
①20分まで ②別室受験の準備あり ③実施・参考程度 ④なし ⑤予定・掲示とインターネット ⑥設備金186,000円返還可 ⑦なし

日本大学豊山●
①20分まで ②ある ③実施・参考程度 ④なし ⑤なし ⑥なし ⑦2/2午後入試新設

日本大学豊山女子○
①30分まで ②ある ③なし ④なし ⑤未定・電話（追加合格） ⑥なし ⑦日程変更第4回2/4→2/5 第1回・第3回2科・4科選択へ

日本大学藤沢◎
①20分まで ②ある ③なし ④なし ⑤なし

日本橋女学館○
①認める（時間は状況に応じて対応） ②ある ③なし ④なし ⑤なし ⑦難関大学進学クラス・進学クラス、クラス別問題→共通問題 適性検査入試午前→午前・午後

ハ

函館白百合学園○
①30分まで ②ある ③函館会場のみ実施・ある程度考慮 ④なし ⑤なし ⑥入学金分納可 ⑦2/9後期入試は首都圏会場入試を設けない、函館の学校会場のみ

函館ラ・サール●
①30分まで ②ある ③なし ④なし ⑤追加合格あり・電話 ⑥前期試験のみ50,000円納入により延納可 ⑦なし

八王子学園八王子◎
①20分まで ②ある ③なし ④なし ⑤なし ⑥なし ⑦2/2を特待生選抜入試とし成績上位者30名を入学金・授業料免除へ

八王子実践◎
①認めない ②ある ③実施・かなり重視 ④なし ⑤なし

日出学園◎
①認める ②ある ③実施・かなり重視 ④なし ⑤なし ⑥併願合格者は入学金150,000円納入により施設設備費200,000円を2/7 14:00まで延納可（一般入試のみ） ⑦なし

横浜●
①午前入試20分まで　午後入試10分まで　②ある　③なし（帰国生入試は実施）　④なし　⑤未定　⑥3/31までに所定の手続をすれば施設費を返還　⑦日程2次（2/2）午前→午後・3次A午後→午前・3次B 2/4午後→2/3午後　入試科目3次B 2科→2科・4科　手続締切日2/6→2/4　帰国生入試導入

横浜英和女学院○
①15分まで　②ある　③実施・参考程度　④なし　⑤予定・電話　⑥複数回出願の未受験分検定料返還可（入学手続き完了者のみ）　⑦A1（2/1午前）・B（2/2午後）→2科受験のみ　A2（2/1午後）・C（2/3午後）→2科・4科選択

横浜共立学園○
①認めない　②ある　③実施・かなり重視　④なし　⑤未定・電話　⑥なし　⑦なし

横浜女学院○
①30分まで　②ある　③なし　④なし　⑤未定　⑥複数回出願の未受験分検定料返還可（入学手続き完了者のみ）

横浜翠陵◎
①認める（災害・交通事情等アクシデントによる場合は別室で時間延長）　②ある　③なし　④なし　⑤予定・発表方法未定　⑥3/31　16:00までに辞退の場合入学金以外返還　⑦日程2/2午後・2/4午前新設、2/3午後・2/5午前はなし　定員変更105名→90名

横浜創英◎
①10分まで　②ある　③なし　④なし　⑤なし　⑥3/31まで施設費返還可　⑦日程変更第5回2/5→2/4　定員変更第2回20名→15名・第3回10名→15名

横浜隼人◎
①20分まで　②ある　③なし　④なし　⑤なし　⑥公立中高一貫校受検者は校納一時金全額延納可　⑦複数回受験のメリットとして「いいとこ取り」を実施

横浜富士見丘学園○
①20分まで　②ある　③なし　④なし　⑤未定・電話　⑥なし　⑦午後入試（第1回B・第2回B）入試科目変更2科・4科選択→2科　2/4第4回午後→午前　午後入試合格発表22:00～23:00→21:00～22:00　入学手続締切日全て2/10へ　複数回受験者優遇措置を実施

横浜雙葉○
①15分まで（交通事情の場合個別に対応）　②ある　③実施・参考程度　④なし　⑤未定・電話　⑥分納可入学金2/4まで　施設設備資金2/14まで　⑦なし

ラ

立教池袋●
①認める（事情により学校長が判断）　②ある　③第2回のみ実施・かなり重視　④なし　⑤予定・掲示とインターネット　⑥2/8 10:00までに辞退の場合維持資金の一部100,000円返還　⑦なし

立教女学院○
①認める　②ある　③実施・まったく合否には関係しない　④なし　⑤未定　⑥2/10正午までに辞退手続きを行った場合施設費及び「藤の会」入会金返還　⑦募集要項を無料配布へ　国語・算数試験時間5分間延長

立教新座●
①25分まで　②ある　③なし　④なし　⑤予定・電話　⑥2/15正午までに辞退手続をした場合入学金を除く維持費の一部10,000円を返還　⑦なし

立正大学付属立正◎
①20分まで　②ある　③なし　④なし　⑤なし　⑥なし　⑦なし

麗澤◎
①20分まで　②ある　③実施・参考程度　④なし　⑤なし　⑥なし　⑦各回で成績上位者を特別奨学生として発表へ

ワ

早稲田●
①25分まで　②ある　③なし　④非公表　⑤未定・電話　⑥返還制度あり　⑦なし

早稲田実業学校◎
①20分まで　②ある　③なし　④なし　⑤なし

早稲田大学高等学院●
①20分まで　②ある　③実施・非公開　④非公開　⑤未定・電話　⑥なし　⑦なし

和洋九段女子○
①認める（時間無制限）　②ある　③なし　④なし　⑤予定・電話　⑦入学手続期間延長（2/10　16:00まで）

和洋国府台女子○
①15分まで　②ある　③なし　④ある・非公表　⑤なし　⑦2月入試廃止　1月に午後入試を新設　HPでの合格発表時間を早める　検定料を出願時に事務窓口でも納入できるようになる

マ

緑ヶ丘女子○
①30分まで　②ある　③なし　④約5割程度　⑤なし　⑦入試科目すべて国算2科目へ

三輪田学園○
①15分まで　②ある　③実施・参考程度　④なし　⑤予定・電話　⑥なし　⑦なし

武蔵●
①状況により対応　②ある（状況により判断）　③なし　④なし　⑤予定・電話　⑦なし

武蔵野女子学院○
①25分まで　②別室受験の準備あり　③なし　④なし　⑤未定・候補者をインターネットで個人に通知し、合格者は電話　⑥都立中高一貫校受検者は受験票提示で都立の発表日翌日まで延納可

武蔵野東◎
①20分まで　②ある（試験官の判断による）　③実施・ある程度考慮　④ある　⑤予定・電話　⑥第1回午後のみ公立・国立中受検者は延納可　3/31までに辞退の場合施設維持費返還　⑦2/11第4回特別選考（適性検査型入試）実施（初回受験者に限る）

茗溪学園◎
①30分まで　②ある　③寮生希望者及び海外帰国生のみ実施・ある程度考慮　④ある（非公表）　⑤予定・電話　⑥一般入試第1回延納手続者のみ2/4　16:00まで延納可　⑦第3回一般入試実施（「日本語エッセイ」テスト＋グループ面接形式の面接試験）

明治学院◎
①10分まで　②ある　③なし　④約3割程度　⑤予定・電話　⑥なし　⑦募集定員2/1約40名→約50名・2/2約80名→約70名　集合・終了時間変更2/2・2/4集合8:15終了11:15　手続き時間変更2/3・4・5　9:00～12:00→10:00～14:00

明治大学付属中野●
①状況により対応　②ある　③なし　④なし　⑤未定・電話

明治大学付属中野八王子◎
①30分まで　②ある　③なし　④なし　⑤未定　⑥なし　⑦なし（予定）

明治大学付属明治◎
①30分まで　②ある　③なし　④なし　⑤未定・電話　⑥他校併願者は手続きにより教育充実費とPTA入会金計130,000円延納可

明星◎
①30分まで　③実施・かなり重視　④なし　⑤予定・電話　⑥施設拡充費返還可　⑦募集定員変更第1回80名・第2回10名・第3回10名

明法●
①50分まで（1限終了まで）　②ある　③なし　④なし　⑤なし　⑦明法GEコース新設

目黒学院◎
①30分まで（試験時間延長なし）交通機関の乱れが理由の場合は別室受験対応　②ある　③特待生を希望の場合実施・かなり重視　④なし　⑤なし　⑥3/31までに辞退を申し出た場合入学手続時納付金全額返還

目黒星美学園○
①1時間目終了時刻まで（要電話連絡）　②ある　③なし　④なし　⑤未定

目白研心◎
①20分まで　②ある　③なし　④なし　⑤未定　⑥辞退の場合施設設備費を返還　⑦午後入試（2/1・2/2）を特待入試へ（一般合格へのスライド合格あり）　2/3特別入試として国・英入試を実施　特進コースから選抜コースへのスライド合格を廃止

森村学園◎
①20分まで　②ある　③なし　④なし　⑤未定・電話　⑥施設維持費締切2/14まで　⑦なし

ヤ

八雲学園○
①認める（時間は個別に対応）　②ある　③なし　④なし　⑤なし　⑥なし

安田学園◎
①20分まで　②ある　③なし　④なし　⑤なし　⑦2014年度より男女共学化

山手学院◎
①15分まで　②ある　③なし　④なし　⑤未定　⑦C日程変更2/4→2/3

山脇学園○
①20分まで　②ある　③なし　④なし　⑤予定・電話　⑥2/2～2/7の期間に辞退した場合学園維持整備費を返還　⑦帰国生入試作文を廃止（受験科目は国・算・英）

横須賀学院◎
①20分まで　②ある　③なし　④約3割程度（ただし答案の様子をみて判断）　④未定　⑤施設費200,000円2/21まで延納可　⑦1/4帰国生入試新設

これから行ける！学校説明会

●男子校　○女子校
◎共学校　□別学校

2013年
11月10日(日)
↓
2014年
1月30日(木)

データ提供：森上教育研究所

原則的に受験生と保護者対象のイベントを掲載しています。保護者または受験生のみが対象の場合はそれぞれ（保護者）（受験生）と記載されています。

対象学年についての詳細は各中学校にご確認ください。
※日程や時間などは変更になる場合もございます。おでかけの際にはかならず各中学校にご確認ください。

学校名	行事内容	開催日	開始時間	予約	備考
◎江戸川学園取手	入試説明会	11月30日(土)	10:00	不	
○江戸川女子	入試説明会	12月7日(土)	10:00	不	
○桜蔭	学校説明会	11月16日(土)	9:30	要	5、6年生
○桜華女学院	学校説明会	11月30日(土)	14:30	不	4－6年生
		12月8日(日)	14:30	不	4－6年生
◎桜美林	学校説明会	11月16日(土)	14:00	不	
	入試説明会	12月14日(土)	10:00	不	
	クリスマスキャロリング	12月20日(金)	17:00	不	本校チャペル
	入試説明会	1月11日(土)	10:00	不	
○鷗友学園女子	学校説明会	11月16日(土)	10:00	要	保護者
		11月22日(金)	10:00	要	保護者
		12月14日(土)	10:00	要	保護者
	入試対策講座	12月14日(土)	13:00	要	6年生
		12月14日(土)	15:00	要	6年生
○大妻	入試説明会	11月16日(土)	14:00	要	大妻講堂
	ナイト(夜)説明会	11月27日(水)	18:30	要	
	学校説明会	12月21日(土)	10:30	要	大妻講堂
○大妻多摩	学校説明会	11月18日(月)	10:40	不	受験生(主に5年生以下)
	本番対策！入試模擬体験	11月24日(日)	10:00	要	受験生(6年生)
	まだ間に合う！最後の入試説明会	1月5日(日)	10:00	要	来校経験のない6年生
	合唱祭	1月24日(金)	11:45	要	パルテノン多摩大ホール
○大妻中野	入試問題説明会	11月16日(土)	10:15	不	6年生
	学校説明会	11月16日(土)	14:00	不	
	入試問題説明会	12月14日(土)	10:15	不	6年生
		1月5日(日)	10:15	不	6年生
○大妻嵐山	強歩大会	11月16日(金)		不	森林公園
	入試説明会	11月23日(土)	10:00	要	
		12月15日(日)	10:00	要	
		12月22日(日)	10:00	要	
◎大宮開成	入試問題対策説明会	11月23日(土)	9:30	要	受験生
	学校説明会	11月28日(木)	10:00	不	
		12月7日(土)	10:00	不	
		12月16日(月)	10:00	不	
○小野学園女子	学校説明会	11月28日(木)	10:00	不	
		12月21日(土)	10:00	不	
		1月11日(土)	10:00	不	
カ ●海城	入試説明会	11月16日(土)	13:30	要	
◎開智	学校説明会	11月16日(土)	10:00	不	～6年生
	入試問題説明会	12月7日(土)	14:00		6年生
◎開智未来	入試問題解説会	11月16日(土)	13:30	不	6年生
		11月30日(土)	10:00	不	6年生
	クリスマスサプリ	12月7日(土)	10:00	要	6年生
		12月14日(土)	10:00	要	6年生
		12月23日(月)	10:00	要	6年生
●海陽	学校見学会(2学期)	11月23日(土)	10:30	要	
		11月30日(土)	10:30	要	
◎かえつ有明	イブニング説明会	11月12日(火)	19:00	要	東京国際フォーラム
	学校説明会	11月23日(土)	10:00	不	
	公開授業	11月27日(水)	9:45	要	
	入試体験	12月14日(土)	8:30	要	
	学校説明会	12月22日(日)	10:00	不	
		1月11日(土)	10:00	不	
	個別相談会	1月28日(火)	9:00	不	
		1月28日(火)	13:30	不	
●学習院	一般入試向け説明会	11月16日(土)	14:00	不	

学校名	行事内容	開催日	開始時間	予約	備考
ア ○愛国	学園説明会	11月10日(日)	10:00	不	
		11月10日(日)	14:00	不	
		11月13日(水)	17:30	不	
	戴帽式	11月16日(土)		不	
	学園説明会	11月23日(土)	10:00	不	
		11月23日(土)	14:00	不	
		12月1日(日)	10:00	不	
		12月1日(日)	14:00	不	
		12月8日(日)	10:00	不	
		1月13日(月)	10:00	不	
◎青山学院	文化祭(中等部祭)	11月10日(日)	12:30	不	
●足立学園	学校説明会	11月21日(土)	10:00	不	
		11月30日(土)	10:00	不	
		1月11日(土)	10:00	不	
○跡見学園	体験授業	11月16日(土)	14:00	要	
	ミニ説明会・なんでも相談会・ミニ体験教室	11月22日(金)	13:00	要	
	卒業生を迎えてのシンポジウム	11月30日(土)	14:00	要	
	学校説明会	12月7日(土)	10:30	不	
◎アレセイア湘南	スクールガイド(個別相談)	11月16日(土)	10:00	要	
	学校説明会と体験入試	11月30日(土)	9:30	要	5、6年生
	パイプオルガンコンサート	12月7日(土)	13:30		学園講堂
	スクールガイド(個別相談)	12月14日(土)	10:00	要	
	学校説明会	1月11日(土)	10:30	不	
	スクールガイド(個別相談)	1月18日(土)	10:00	要	
◎郁文館	入試説明会	11月16日(土)	14:00	要	
		11月30日(土)	14:00	要	
		12月21日(土)	14:00	要	
		1月11日(土)	14:00	要	
◎市川	土曜スクールツアー	11月30日(土)	10:00	要	
◎茨城キリスト教学園	個別見学会	毎週土曜	9:00	要	
	進学個別相談会	11月16日(土)	13:30	不	水戸駅前サテライトIC
	Winter Festival at ICJH	12月14日(土)	14:00	不	
	クリスマス礼拝	12月18日(水)	10:00	不	
	進学個別相談会	12月21日(土)	13:30	不	水戸駅前サテライトIC
		1月25日(土)	13:30	不	水戸駅前サテライトIC
◎上野学園	学校説明会	11月16日(土)	10:00	要	
	入試体験	12月1日(日)	10:00	要	
	学校説明会	1月11日(土)	10:00	要	
○浦和明の星女子	学校説明会	12月7日(土)	9:30	不	
◎浦和実業学園	公開授業	11月19日(火)	9:00	不	
		11月20日(水)	9:00	不	
		11月21日(木)	9:00	不	
	入試問題学習会	11月23日(土)	10:00	不	受験生(6年生)
	ミニ説明会	11月23日(土)	10:00	不	保護者(全学年)
		12月15日(日)	10:00	不	保護者(全学年)
	入試問題学習会	12月15日(日)	10:00	不	受験生(6年生)
●栄光学園	学校説明会	11月30日(土)	10:00	不	
◎穎明館	学校説明会	11月11日(月)	10:00	不	
		12月7日(土)	10:00	不	

学校名	行事内容	開催日	開始時間	予約	備考
○北豊島	授業見学会	11月11日(月)	9:00	要	
		11月12日(火)	9:00	要	
		11月13日(水)	9:00	要	
		11月14日(木)	9:00	要	
		11月15日(金)	9:00	要	
		11月16日(土)	9:00	要	
	特別奨学生セミナー(無料模擬試験)	11月23日(土)	9:00	要	受験生(6年生)
	ギター発表会・合唱コンクール	11月30日(土)	8:30	不	
	学校説明会(合唱コンクール後)	11月30日(土)	11:00	要	
	授業見学会	12月2日(月)	9:00	要	
		12月3日(火)	9:00	要	
		12月4日(水)	9:00	要	
		12月5日(木)	9:00	要	
		12月6日(金)	9:00	要	
		12月7日(土)	9:00	要	
	特別奨学生セミナー(無料模擬試験)	12月15日(日)	9:00	要	受験生(6年生)
	学校説明会(入試説明)	12月23日(月)	10:00	要	
		1月12日(日)	10:00	要	
○吉祥女子	学校説明会	11月16日(土)	10:30	不	6年生
	入試問題説明会	12月1日(日)	10:30	不	6年生
		12月1日(日)	14:00	不	6年生
◎共栄学園	学校見学会	毎週土曜・日曜・祝日(12月まで)	10:00		
	受験対策講習会	12月15日(日)	9:30	不	
	ジョイフルコンサート	12月23日(月)	14:00	不	かつしかシンフォニーヒルズ
	受験対策講習会	1月13日(月)	9:30	不	
◎暁星国際	個別相談・見学会	毎週金曜・土曜		要	
	学校説明会	12月7日(土)	12:30	要	
		1月11日(土)	12:30	要	
○共立女子	帰国生入試説明会	11月16日(土)	10:00	不	
	入試説明会	11月30日(土)	10:00	不	6年生
	ナイト入試説明会	12月20日(金)	18:30	不	保護者
○共立女子第二	学校説明会	12月7日(土)	14:00	不	
	入試問題解説会	12月7日(土)	14:00		
	総合選抜入試用説明会	1月11日(土)	10:00	不	
	入試体験・説明会	1月12日(日)	9:30	要	
◎国立音楽大学附属	KUNION講座 音中コース	11月16日(土)	午前	要	受験生(4－6年生)
	学校説明会	12月1日(日)	14:00	不	
	くにたち音楽会 ソロ	12月19日(木)	13:00	要	
	くにたち音楽会 合唱	12月20日(金)	14:00	要	
	冬期受験準備講習会	12月21日(土)	8:50	要	受験生(6年生)
		12月22日(日)	8:50	要	受験生(6年生)
	KUNION講座 音中コース	1月11日(土)	午前	要	受験生(4－6年生)
○国本女子	学校説明会(クリスマス会)	12月14日(土)	14:00	要	
	入試説明会	1月11日(土)	14:00	不	
◎公文国際学園	入試説明会	12月8日(日)	10:00	不	6年生
◎慶應義塾湘南藤沢	学校説明会・文化祭	11月10日(日)	10:00	不	湘南藤沢キャンパス大学校舎シータθ館
		11月10日(日)	12:00	不	湘南藤沢キャンパス大学校舎シータθ館
◎慶應義塾	文化祭(展覧会)	11月10日(日)	9:30	不	
	学校説明会	11月10日(日)	11:00	不	慶應義塾大学　三田キャンパス西校舎ホール
		11月10日(日)	13:30	不	慶應義塾大学　三田キャンパス西校舎ホール
●京華	入試・学校説明会	11月10日(日)	14:30	不	
	入試問題解説(国算)	11月10日(日)	14:30	不	受験生
	特別選抜クラス説明会	11月23日(土)	14:30	不	
	入試・学校説明会	12月8日(日)	14:00	不	
	入試問題解説(国算)	12月8日(日)	14:00	不	受験生
	個別相談会	12月22日(日)	10:30	不	
	入試問題解説(理社)	12月22日(日)	14:30	不	受験生
	入試・学校説明会	12月22日(日)	14:30	不	
		1月12日(日)	9:00	不	
	模擬入試体験	1月12日(日)	9:00	要	受験生
	入試直前個別相談会	1月19日(日)	10:30	不	
○京華女子	中学説明会	11月10日(日)	10:30		
	中学授業見学会	11月14日(木)	10:30		
	入試問題セミナー	11月24日(日)	9:00		

カ

学校名	行事内容	開催日	開始時間	予約	備考
○学習院女子	学校説明会	11月30日(土)	15:30	不	保護者(6年生)　学習院戸山キャンパス
◎春日部共栄	学校説明会	12月14日(土)	10:00	不	
◎片山学園	学校説明会	11月25日(月)	10:00	要	
		12月8日(土)	14:00	要	
○神奈川学園	学校説明会	11月16日(土)	10:30	不	
	入試問題説明会	12月14日(土)	8:30	要	
	学校説明会	1月11日(土)	10:30	不	
◎神奈川県立相模原	学校見学	～12月までの平日		要	
	学校説明会	11月10日(日)	10:00	要	保護者
		11月10日(日)	12:30	要	保護者
◎神奈川県立平塚	学校説明会	11月10日(日)	10:00	要	
		11月10日(日)	14:00	要	
◎神奈川大学附属	学校見学	毎週土曜(2月まで)	10:30	要	
	入試説明会	11月13日(水)	10:30	要	
		12月11日(水)	10:30	要	
◎霞南至健	県南私立学校進学相談会	11月10日(日)	13:00		イーアスつくば
	個別相談会	毎週土曜(11月まで)	10:00	要	
	入試説明会	11月17日(日)	10:00		
●鎌倉学園	ミニ説明会	毎週月曜(12月まで)	10:00	要	
	ミニ説明会(クラブ見学中心)	毎週月曜(12月まで)	15:00	要	
	学校説明会	11月30日(土)	13:30	要	
	中学入試に向けて	12月14日(土)	10:00	要	6年生
○鎌倉女学院	学校説明会	11月16日(土)	10:00	不	
○鎌倉女子大学	オープンスクール体験講座	11月10日(日)	10:30	要	受験生
	学校説明会	11月23日(土)	10:30	不	
		12月7日(土)	10:30	不	
	入試ミニ説明会	1月11日(土)	10:30	不	保護者
○カリタス女子	学校説明会	11月17日(日)	10:00	不	
	体験授業	11月17日(日)	10:30	要	受験生
	入試説明会	11月30日(土)	9:30	要	
	入試問題解説	11月30日(土)	9:30	要	受験生
		11月30日(土)	14:30	要	受験生
	入試説明会	11月30日(土)	16:00	要	
	カリタス DE ナイト	12月8日(水)	18:00	要	
○川村	ミニ説明会	毎週水曜(2月まで)	10:00	要	
	文化祭(学園祭)	11月16日(土)	10:00	不	目白キャンパス
		11月17日(日)	10:00	不	目白キャンパス
	学校説明会	11月23日(土)	10:00	不	
	体験学習・体験クラブ	11月23日(土)	10:00	要	
	入試対策講座	11月23日(土)	10:00	要	受験生(6年生)
		12月14日(土)	14:00	要	受験生(6年生)
		1月11日(土)	14:00	要	受験生(6年生)
	個別説明会	1月19日(日)	10:00	要	
○神田女学園	入試問題解説会	11月23日(土)	9:00	不	
	入試模擬体験	12月15日(日)	8:30	要	
	在校生・教職員によるクリスマスコンサート	12月21日(土)	13:00	要	
	学校説明会	1月11日(土)	10:00	不	
		1月25日(土)	10:00	不	
◎関東学院	ミニ学校説明会	11月13日(水)	10:00	要	
		11月22日(金)	10:00	要	
	入試説明会	12月7日(土)	9:30	不	6年生
		12月7日(土)	13:30	不	6年生
	過去問勉強会	12月7日(土)	9:30	不	受験生(6年生)
		12月7日(土)	13:30	不	受験生(6年生)
	関東学院の男子女子はじめての方へ	1月13日(月)	10:00	要	6年生
◎関東学院六浦	6年生のための勉強会	11月16日(土)	8:50	要	
	学校説明会	11月16日(土)	10:00	不	
		12月7日(土)	10:00	不	
○函嶺白百合	クリスマス会	12月19日(木)	10:00	要	
	入試個別相談会	12月19日(木)	10:00	要	
		1月11日(土)	13:00	要	6年生
◎北浦三育	個別学校見学	毎週日曜	10:00	要	
○北鎌倉女子学園	第2回入試過去問題学習会	11月16日(土)	9:30	要	6年生
	音楽コース 個別相談会	11月30日(土)	9:00	不	6年生
	ミニ説明会	12月7日(土)	10:00	要	
	音楽科 定期演奏会	12月7日(土)	13:30	不	鎌倉芸術館
	音楽コース 入試実技試演会	12月14日(土)	9:30	要	6年生
	ミニ説明会	12月14日(土)	10:00	要	
		1月11日(土)	10:00	要	

これから行ける！ 学校説明会

学校名	行事内容	開催日	開始時間	予約	備考
	入試説明会・入試直前トライアル①	12月14日（土）	10:00	要	予約当日可
	冬休み入試個別相談期間	12月23日（月）～12月28日（土）	9:00	要	
		1月5日（日）～7日（火）	9:00	要	
	個別相談・学校見学	1月8日（水）～入試日前日	9:00	要	
	入試説明会・入試直前トライアル②	1月13日（月）	10:00	要	予約当日可
○駒沢学園女子	寺子屋Komajo	11月30日（土）	14:00	要	6年生
	入試シミュレーション	12月14日（土）	9:00		6年生
	学校説明会	1月11日（土）	13:30		5、6年生
◎埼玉栄	入試問題学習会	11月23日（土）	9:50	要	
	入試説明会	12月7日（土）	10:40	不	
	入試問題学習会	12月14日（土）	10:00	要	
	入試説明会	12月25日（水）	10:40	不	
◎埼玉平成	合唱コンクール	11月16日（土）	10:00	不	
	個別相談会	11月16日（土）	13:00	要	
		11月23日（土）	13:00	要	
		11月30日（土）	13:00	要	
	入試説明会	12月7日（土）	10:00	要	
	個別相談会	12月7日（土）	13:00	要	
		12月14日（土）	13:00	要	
		12月21日（土）	13:00	要	
◎栄東	入試問題学習会	11月23日（土）	8:30	要	受験生（6年生） 要予約:10/1（火）より
	学校説明会	11月23日（土）	8:40	不	
	入試問題学習会	11月23日（土）	14:00	要	受験生（6年生） 要予約:10/1（火）より
	学校説明会	11月23日（土）	14:10	不	
		12月14日（土）	10:00	不	
○相模女子大学	学校説明会	11月23日（土）	10:00	不	保護者
	学校説明会（過去問解説会）	12月7日（土）	10:00	要	
	ナイト説明会	12月21日（土）	19:00	不	保護者 ホテルセンチュリー相模大野
	学校説明会（ラストスパート対策講座）	1月11日（土）	10:00	要	
	入試相談会	1月17日（金）	13:00	不	保護者
	ナイト説明会	1月24日（金）	19:00	不	保護者 ホテルセンチュリー相模大野
	主張コンクール	1月25日（土）			
◎佐久長聖	体験入学	11月17日（日）	9:00	要	5、6年生
	県内説明会（佐久市）	12月8日（日）	10:00		佐久長聖中学校
◎桜丘	入試説明会	11月17日（日）	10:00	要	
		12月14日（土）	14:00	要	
	入試直前対策会	1月5日（日）	9:00	要	
	入試説明会	1月18日（土）	14:00	要	
◎佐野日本大学	入試説明会	12月1日（日）	10:00	要	
		1月26日（日）	10:00	要	
◎狭山ヶ丘高等学校付属	学校見学説明会（入試解説）	11月10日（日）	10:00	不	
	個別相談会	11月24日（日）	9:00	不	
		11月24日（日）	13:00	不	
	学校見学説明会（入試解説）	12月8日（日）	10:00	不	
	個別相談会	12月15日（日）	9:00	不	
		12月15日（日）	13:00	不	
		12月22日（日）	9:00	不	
		12月22日（日）	13:00	不	
		12月28日（土）	9:00	不	
◎自修館	入試説明会	11月30日（土）	10:00	不	
		12月7日（土）	9:30	不	
◎実践学園	入試説明会	11月16日（土）	10:30	不	
		11月24日（日）	10:30	不	
		12月7日（土）	10:30	不	
		12月21日（土）	14:30	不	
		1月11日（土）	14:30	不	
○実践女子学園	学校説明会	11月19日（火）	10:30	不	
		12月14日（土）	10:00	不	
		1月11日（土）	10:30	不	
○品川女子学院	入試説明会	11月15日（金）	10:00	要	保護者（－6年生）
	オープンキャンパス	11月16日（土）	14:00	要	
	入試説明会（夜の部）	11月22日（金）	18:50	要	保護者（－6年生）
	校舎見学会	11月30日（土）	9:30	要	
	入試説明会	12月5日（木）	10:00	要	保護者（－6年生）

学校名	行事内容	開催日	開始時間	予約	備考
	中学説明会	12月8日（日）	10:30		
	入試問題セミナー	12月22日（日）	9:00		
	中学直前ガイダンス	1月12日（日）	10:30		
○恵泉女学園	入試説明会	11月23日（土）	10:30	要	6年生
		11月23日（土）	14:00	要	6年生
		12月12日（木）	10:00	不	保護者（6年生）
	クリスマス礼拝	12月19日（木）	13:00	不	時間厳守
●京北	学校説明会	11月23日（土）	10:00	要	
		11月23日（土）	13:30	要	
		12月15日（日）	10:00	要	東洋大学白山キャンパス
	入試問題解説会	12月15日（日）	13:30	要	東洋大学白山キャンパス
◎啓明学園	入試模擬体験	11月23日（土）	10:00	要	
	学校説明会	12月14日（土）	10:00	不	
	入試模擬体験	1月13日（月）	10:00	要	
◎小石川	授業公開	11月16日（土）	8:45	不	
	適性検査問題解説会	11月24日（日）	午前	要	受験生
	トライ＆チャレンジ（部活動体験）	11月未定		要	受験生（小学校高学年）10月に案内
○光塩女子学院	入試説明会	11月17日（日）	14:00	不	
	過去問説明会	11月30日（土）	14:00	要	締切11/20 6年生
	校内見学会	1月7日（火）	10:30	要	受験生（6年生）
		1月18日（土）	10:30	要	受験生（6年生）
○晃華学園	学校見学会	11月11日（月）	10:00	要	
		11月20日（水）	10:00	要	
	学校説明会・入試説明会	11月23日（土）	10:00	不	
	学校見学会	11月30日（土）	10:00	要	
		12月4日（水）	10:00	要	
	入試説明会	12月14日（土）	10:00	不	6年生
	学校見学会	1月18日（土）	10:00	要	
◎工学院大学附属	学校説明会	11月13日（水）	10:00	不	
	入試本番模擬体験	12月7日（土）	9:00	要	6年生
	学校説明会	12月7日（土）	10:00	不	
	クリスマス進学相談会	12月21日（土）	10:00	要	6年生
	学校説明会	1月11日（土）	14:00	不	
●攻玉社	入試説明会	12月7日（土）	10:20	不	受験生（6年生）
		1月11日（土）	10:20	不	受験生（6年生）
	オープンスクール理科実験教室	11月16日（土）	13:30	要	受験生（4－6年生）
		11月16日（土）	14:45	要	受験生（4－6年生）
	オープンスクールクラブ体験	11月16日（土）	14:45	要	受験生（4－6年生）
	土曜説明会	11月30日（土）	11:15	要	全学年
○麹町学園女子	学校説明会	11月21日（木）	10:30	不	授業見学あり
	入試説明会	12月7日（土）	14:30	不	
	入試模擬体験	12月22日（日）	9:00	要	5、6年生
	入試説明会	1月11日（土）	14:30	不	
		1月15日（水）	10:30	不	授業見学あり
●佼成学園	学校説明会	11月15日（金）	18:00	不	
	学校説明会＆入試問題解説会	11月30日（土）	14:00	不	
		12月15日（日）	14:00	不	
	学校説明会	1月11日（土）	14:00	不	
○佼成学園女子	学校説明会	11月17日（日）	14:00	要	
	PISA型入試問題学習会	12月7日（土）	14:00	要	
	学校説明会	12月14日（土）	10:00	要	
		1月11日（土）	14:00	要	
	出願直前個別相談会	1月18日（土）	10:00	不	6年生
○国府台女子学院	学校見学	11月16日（土）	10:00	要	
○香蘭女学校	バザー	11月23日（土）	10:00	不	
	学校説明会	11月30日（土）	14:00	不	
□國學院大學久我山	学校説明会	11月26日（火）	13:30	不	調布グリーンホール
	中学入試もぎ体験～4教科この1問～	12月15日（日）	10:00	不	
◎国際学院	入試問題学習会	11月14日（土）	10:00	要	
	保護者対象イブニング学校説明会	11月22日（金）	18:30	不	大宮学習センター
	入試説明会	12月7日（土）	14:00	不	
◎国士舘	授業見学会	11月12日（火）	13:00	要	
	入試説明会	11月30日（土）	10:00	不	
	校内言道大会	12月2日（月）	9:30	不	
	チャレンジ体験入試	12月7日（土）			受験生（6年生）
	入試説明会	12月7日（土）	10:00	不	
		1月11日（土）	10:00	不	
◎駒込	入試個別相談期間	10月1日(火)～12月22日(日)	9:00	要	
	入試説明会・入試算数ワンポイント講座	11月16日（土）	10:00		
	中学合唱コンクール	11月20日（水）		不	川口リリアホール
	中学・高校 1日個別相談会	11月23日（土）	9:00	不	
		12月7日（土）	9:00	不	

学校名	行事内容	開催日	開始時間	予約	備考
	学校説明会	12月21日（土）	10:00	不	
	体験授業・入試問題解説	12月21日（土）	10:00	要	受験生
	学校説明会	1月11日（土）	10:00	不	
○女子学院	学校説明会	11月12日（火）	8:10	要	保護者
		11月14日（木）	8:10	要	保護者
		11月16日（土）	10:00	要	保護者
○女子聖学院	学校説明会	11月14日（木）	10:00	不	
	入試体験会	11月30日（土）	9:00	要	6年生
	PTAクリスマス	12月7日（土）	13:30	要	
	学校説明会	12月14日（土）	14:00	不	
	JSGプレシャス説明会	12月14日（土）	14:30	要	
	学校説明会	1月11日（土）	14:00	不	
	JSGプレシャス説明会	1月11日（土）	14:30	要	
○女子美術大学附属	公開授業	11月16日（土）	8:35	不	
		11月30日（土）	8:35	不	
	学校説明会	11月30日（土）	14:00	不	
		12月7日（土）	14:00	不	
		1月11日（土）	14:00	不	
○白梅学園清修	学校説明会	11月23日（土）	10:00	要	
	入試説明会	12月21日（土）	10:00	要	
	入試個別相談	12月22日（日）、23日（月）、26日（木）～29日（日）	10:00	要	
	授業見学会＆ミニ説明会	1月11日（土）	10:00	要	
		1月25日（土）	10:00	要	
○白百合学園	学校説明会	11月16日（土）	9:30	不	
	校内自由見学会	11月16日（土）	1100	不	
	小6年生対象　学校見学会	11月30日（土）	9:00	要	6年生
		11月30日（土）	11:30	要	6年生
		11月30日（土）	14:00	要	6年生
◎杉並学院	入試説明会	11月16日（土）	10:30	不	4－6年生
		12月7日（土）	10:30	不	4－6年生
		1月11日（土）	10:30	不	4－6年生
●逗子開成	土曜見学会	11月16日（土）	10:00	要	
	水曜見学会	11月20日（水）	10:00	要	
	中学入試説明会	12月13日（金）	14:00	不	
◎駿台学園	休日個別相談会	11月10日（日）	10:00	要	
	学校説明会	11月16日（土）	10:00	不	
	休日個別相談会	11月17日（日）	10:00	要	
		11月23日（土）	10:00	要	
		11月24日（日）	10:00	要	
		12月1日（日）	10:00	要	
		12月8日（日）	10:00	要	
	学校説明会	12月14日（土）	10:00	不	
	休日個別相談会	12月22日（日）	10:00	要	
		12月23日（月）	10:00	要	
	学校説明会	1月11日（土）	10:00	不	
		1月18日（土）	10:00	不	
●聖学院	クリスマス点火式	11月15日（火）		不	
	学校説明会	11月30日（土）	10:30	不	
	授業体験	11月30日（土）	10:30	要	
●成城	学校説明会	11月16日（土）	10:00	不	
		11月27日（水）	10:00	不	
	第6回中学校説明会	1月11日（土）	10:00	不	
◎清真学園	学校見学会	11月30日（土）	14:00	要	
		12月7日（土）	14:00	要	
○聖心女子学院	クリスマス・ウィッシング	12月20日（金）		要	保護者
○聖セシリア女子	学校説明会	11月14日（木）	10:00	不	
	学校見学会	11月29日（金）	10:00	要	
	学校説明会	12月14日（土）	10:00	不	
	学校見学会	1月16日（木）	10:00	要	
○清泉女学院	入試説明会	11月30日（土）	10:00	不	4－6年生
	音楽部定期演奏会	1月11日（土）		不	鎌倉芸術館
○聖ドミニコ学園	学校説明会	11月24日（日）	10:00	不	
	クリスマスの集い	12月15日（日）	11:00	要	受験生
	個別相談会	12月15日（日）	11:00	要	
○星美学園	Step&Try⑦	11月23日（土）	9:00	要	6年生
	ミニ説明会⑦	11月23日（土）	9:15	要	保護者
	入試体験会	12月7日（土）	8:30	要	6年生
	学校説明会⑦	12月22日（日）	14:15	不	
	クリスマス会	12月22日（日）	16:00	要	
	学校説明会⑧	1月11日（土）	14:00	不	
◎西武学園文理	入試説明会	11月27日（水）	10:00	不	
◎西武台千葉	学校見学会	11月13日（水）	16:00	要	
	学校説明会	11月14日（木）	17:00	要	
	学校見学会	11月16日（土）	10:00	要	
	学校説明会	11月17日（日）	10:00	不	
	学校見学会	11月20日（水）	16:00	要	

サ

学校名	行事内容	開催日	開始時間	予約	備考
○品川女子学院	長期休暇中 校舎見学会	12月27日（金）	13:30	要	
		12月28日（土）	9:30	要	
	入試説明会	1月9日（木）	10:00	要	保護者（－6年生）
	校舎見学会	1月11日（土）	9:30	要	
	20代担任による学校説明会	1月16日（木）	10:00	要	保護者
	校舎見学会	1月18日（土）	9:30	要	
●芝	学校説明会	11月30日（土）	11:00	不	
●芝浦工業大学	入試説明会	11月17日（日）	10:00	不	保護者（4－6年生）
		1月11日（土）	13:30	不	保護者（4－6年生）
◎芝浦工業大学柏	入試説明会	11月24日（日）	10:00	不	
		12月23日（月）	14:00	不	
◎渋谷教育学園渋谷	学校説明会	11月16日（土）	13:30	不	
○自由学園女子部	学業報告会	11月30日（土）	9:30	要	
	入試説明会	12月7日（土）	14:30	要	
	入試相談会	1月11日（土）	10:00	要	
		1月11日（土）	13:30	要	
●自由学園男子部	学業報告会	11月16日（土）	9:30	要	
	勉強会	11月16日（土）	15:30	要	
	個別相談会	12月15日（日）	10:00	要	
	勉強会	12月15日（日）	13:00	要	
◎秀光	東京入試説明会	12月8日（日）	10:00	要	アルカディア市ヶ谷
	仙台入試説明会	12月14日（土）	10:00	要	仙台育英学園 多賀城校舎
		12月21日（土）	10:00	要	仙台育英学園 宮城野新校舎
◎修徳学園	学校説明会	12月7日（土）	14:00	不	
		12月14日（土）	14:00	不	
		1月11日（土）	14:00	不	
◎秀明八千代	学校説明会	11月16日（土）	10:00	不	
		12月14日（土）	10:00	不	
○十文字	個別相談会	11月14日（木）	10:00	不	
	入試説明会	11月24日（日）	10:00	不	
		12月15日（日）	10:00	不	
	個別相談会	12月23日（月）	10:00	不	
		1月6日（月）	10:00	不	
	入試説明会	1月6日（月）	10:00	不	
◎淑徳	学校説明会	11月24日（日）	9:30	要	
		12月15日（日）	9:30	要	
◎淑徳巣鴨	入試対策説明会	11月23日（土）	9:00	要	
	学校説明会	12月14日（土）	14:00	不	
	入試対策説明会	1月11日（土）	11:00	要	
		1月11日（土）	14:00	要	
○淑徳与野	学校説明会	12月12日（木）	13:30	不	
◎順天	弁論大会・読書感想発表会	11月26日（火）	13:00	要	
	学校説明会	12月14日（土）	9:00	不	
○頌栄女子学院	クリスマスこども会	11月30日（土）	13:00	要	
●城西川越	オープンスクール	11月16日（土）		要	
	問題解説学習会	11月23日（土）	9:00	要	
	SA入試プレテスト	11月23日（土）	13:00	要	
	学校説明会	12月7日（土）	14:30	不	
◎城西大学附属城西	学校説明会	11月20日（水）	18:00	不	
		12月7日（土）	14:30	不	
		1月11日（土）	10:00	不	
◎常総学院	文化祭	11月10日（日）	10:00	不	
	入試説明会	11月23日（土）	10:00	要	
	柏会場入試説明会	12月7日（土）	10:00	要	三井ガーデンホテル柏
◎湘南学園	入試説明会	11月13日（水）	9:30	要	
	公開授業	11月22日（金）	10:00	不	
	入試説明会	12月7日（土）	9:30	要	5、6年生
	冬の学校見学期間	1月11日（土）	10:00	要	
		～18日（土）	11:00	要	
	合唱コンクール	1月24日（金）	10:00	不	鎌倉芸術館
○湘南白百合学園	入試説明会	11月16日（土）	10:00	不	
	学校見学会	11月28日（木）	9:45	要	保護者
	入試直前説明会	12月7日（土）	9:30	要	6年生
◎昌平	入試問題アドバイス	11月10日（日）	10:00	要	6年生
	入試説明会	11月29日（金）	10:00	不	
		12月14日（土）	10:00	不	
●城北	学校説明会	11月23日（土）	10:00	不	6年生
●城北埼玉	学校説明会	11月22日（金）	10:00	不	
		12月7日（土）	10:00	不	
◎昭和学院	学校説明会	11月16日（土）	14:00	不	
		12月14日（土）	14:00	不	
○昭和女子大学附属昭和	文化祭（昭和祭）	11月10日（日）	10:00	不	
	入試問題解説授業	11月23日（土）	10:00	要	受験生（6年生）
	学校説明会	11月23日（土）	10:00	不	

学校名	行事内容	開催日	開始時間	予約	備考
◎千葉国際	入試説明会	11月23日（土）	10:00	不	
		1月5日（日）	10:00	不	
◎千葉日本大学第一	学校説明会	11月30日（土）	14:00	不	
		12月7日（土）	14:00	不	
◎千葉明徳	学校説明会	11月23日（土）	10:40	要	
	天体観測会	11月27日（水）	17:00	要	
	学校説明会	12月15日（日）	10:40	要	
	入試相談会	12月24日（水）	9:00	要	
		1月7日（火）	13:00	要	
◎中央大学附属	学校説明会	11月30日（土）	11:00	不	
◎中央大学附属横浜	学校説明会	12月15日（日）	10:00	不	
◎千代田区立九段	学校説明会	11月16日（土）		不	
		11月17日（日）		不	
	天体観望会	11月30日（土）		要	受験生（4－6年生）
	学校見学会	12月未定		要	受験生（6年生）
	天体観望会	1月25日（土）		要	受験生（4－6年生）
○千代田女学園	学校説明会	11月30日（土）	10:00	要	
	入試問題対策会	12月14日（土）	13:30	要	
	学校説明会	1月11日（土）	10:00		
◎土浦日本大学	入試問題解説会	11月16日（土）	10:00	要	
◎鶴見大学附属	学校説明会	11月16日（土）	10:00	不	
	中学1,2年生合唱祭	11月21日（木）	13:30	不	
	入試問題解説会	11月30日（土）	10:00	不	
	サテライト入試説明会	12月5日（木）	19:00	要	鶴見大学会館
	入試模擬体験	12月14日（土）	14:30	要	6年生
	入試直前説明会	1月18日（土）	10:00	不	
◎帝京	合唱コンクール	11月21日（木）	10:00	不	川口総合文化センター（川口リリア）音楽ホール
	入試問題の傾向と対策説明会	12月7日（土）	13:30	不	
	入試模擬体験	12月21日（土）	13:30	不	
	入試直前説明会	1月11日（土）	13:30	不	
◎帝京八王子	中学体験	11月10日（日）	10:30	不	
	学校説明会	11月10日（日）	12:00	不	
	理科実験教室	11月16日（土）	10:40	不	
	学校説明会	11月16日（土）	12:40	不	
		11月22日（金）	10:30	不	公開授業あり
		12月1日（日）	11:00	不	体験入試
		12月8日（日）	11:00	不	体験入試
		12月22日（日）	11:00	不	適性検査模試
		1月5日（日）	11:00	不	適性検査模試
◎貞静学園	プレテスト	11月10日（日）	13:00		
	学校説明会	11月17日（日）	10:00	不	
	プレテスト	11月23日（土）	13:00		
	学校説明会	12月1日（日）	10:00	不	
	プレテスト	12月8日（日）	13:00		
	学校説明会	12月15日（日）	10:00	不	
		1月11日（日）	10:00	不	
○田園調布学園	学校説明会	11月29日（金）	10:00	不	
		1月11日（土）	10:00	不	
	入試体験	1月11日（土）	10:00	不	受験生（6年生）
	定期音楽会	1月22日（水）	12:20	不	横浜みなとみらいホール
○戸板	オープンスクール	11月23日（土）	9:30	要	
	入試模擬体験会	12月22日（日）	9:30	要	
□桐蔭学園	中学女子部 予約制説明会	11月19日（火）	10:00	要	保護者
	中等・中学男子部予約制説明会	11月21日（木）	10:00	要	保護者
	中等・中学入部体験	12月7日（土）	9:30	要	受験生（6年生）
	中等・中学入試説明会	12月7日（土）	10:00	不	
◎東海大学菅生	入試体験教室	11月23日（土）	10:00	要	
	音楽祭	12月18日（水）	13:00	不	あきる野キララホール
	入試体験教室	12月23日（月）	10:00	要	
	学校説明会	1月11日（土）	14:00	不	
◎東海大学付属浦安	学校説明会	11月17日（日）	10:00	不	
		12月7日（土）	10:00	不	
◎東海大学付属相模	学校説明会	11月23日（土）	10:00	不	
◎東海大学付属高輪台	学校説明見学会	11月10日（日）	10:00	不	
		1月12日（日）	10:00	不	
◎東京学芸大学附属竹早	学校説明会	11月11日（月）	10:00	不	
○東京家政学院	イブニング説明会	11月22日（金）	19:00		
	過去問題解説	12月7日（土）	10:00		
		12月14日（土）	10:00		
	入試直前対策（午前）	1月11日（土）	10:00		
	入試直前対策（午後）	1月11日（土）	14:00		

学校名	行事内容	開催日	開始時間	予約	備考
	学校説明会	11月27日（水）	16:00	要	
		11月29日（金）	17:00	要	
	学校見学会	11月30日（土）	10:00	要	
	学校説明会	12月14日（土）	10:00	不	
◎西武台新座	入試模擬体験会	11月30日（土）		要	6年生
	学校説明会	12月7日（土）	10:00	不	
	入試直前情報説明会	12月22日（日）		不	
◎聖望学園	入試説明会・学校説明会	11月17日（日）	10:00	要	4－6年生
	入試問題解説授業	11月17日（日）	11:00	要	受験生（6年生）
	クリスマスツリー点火式	11月29日（金）	17:00	不	
	入試説明会・学校説明会	12月14日（日）	14:30	要	4－6年生
	入試問題解説授業	12月14日（日）	15:30	要	受験生（6年生）
○聖ヨゼフ学園	学校見学日②	11月16日（土）	10:00	要	
	学校説明会	11月23日（土）	9:00	要	
	入試問題勉強会②	11月23日（土）	10:00	要	受験生（6年生）
	学校見学日③	11月30日（土）	9:00	要	
	クリスマスバザー	12月8日（日）	10:00	不	
	学校説明会	12月15日（日）	10:00	要	
	入試問題勉強会③	12月15日（日）	10:00	要	受験生（6年生）
	体験入試	12月22日（日）	9:00	要	5、6年生
◎成立学園	個別相談会	11月14日（木）	10:00	不	
	学校説明会	11月20日（水）	10:00	不	
	入試問題解説会	11月24日（日）	10:00	不	
	入試対策説明会	12月22日（日）	10:00	不	
		1月5日（日）	10:00	不	
◎青稜	イブニング説明会	11月22日（金）	18:00	不	保護者
	入試説明会	12月14日（土）	14:30	不	保護者
		1月11日（土）	14:30	不	保護者
○聖和学院	個別説明会	11月14日（木）	10:00	要	
		11月21日（木）	10:00	要	
		12月5日（木）	10:00	要	
	クリスマス燭火礼拝	12月7日（土）	10:00	不	
	個別説明会	12月14日（日）	10:00	要	
		12月21日（月）	10:00	要	
		1月18日（土）	10:00	要	
		1月25日（土）	10:00	要	
◎専修大学松戸	学校説明会	11月23日（土）	10:00	不	
		12月15日（日）	10:00	不	
		1月5日（日）	14:00	不	初めて参加の方
○洗足学園	学校説明会	11月30日（土）	14:00	不	
	入試問題説明会	12月22日（日）	8:30	要	6年生
		12月22日（日）	13:30	要	6年生
◎創価	友好の集い	11月23日（金）	10:00	不	5、6年生
○捜真女学校	学校説明会	11月29日（金）	18:30	不	
	入試相談会	1月11日（土）	10:00	不	
◎相洋	学校説明会	11月10日（日）	10:00	要	6年生
	音楽会	11月16日（土）	10:00	不	
	学校説明会	12月8日（日）	10:00	要	6年生
タ ●高輪	入試説明会	12月7日（土）	14:00	要	4－6年生
		1月8日（水）	14:00	要	4－6年生
○瀧野川女子	学校説明会	11月30日（土）	14:00	要	
		12月21日（土）	10:00	要	
		1月18日（土）	14:00	要	
◎橘学苑	学校説明会	11月23日（土）	9:30	不	
	オープンスクール	11月23日（土）	9:30	要	受験生
	ミニ説明会	12月6日（金）	10:00	要	保護者
	模擬試験	12月14日（土）	8:20	要	受験生（6年生）
	入試説明会	12月14日（土）	8:30	不	
	ミニ説明会	1月9日（木）	10:00	要	保護者
◎玉川学園	入試問題チャレンジ会	11月23日（土）	10:00	要	
	音楽祭	12月5日（木）	14:00	要	パルテノン多摩
	学校説明会	12月14日（土）	13:30	不	
	学校参観	1月20日（月）	10:00	要	
○玉川聖学院	オープンキャンパス	11月23日（土）	9:00	要	6年生　入試問題解説（プレテスト）
		12月7日（土）	10:00	不	クリスマス、入試説明会、在校生のお話、クラブ見学
	入試説明会	1月10日（金）	10:15	不	保護者
◎多摩大学附属聖ヶ丘	土曜日★ミニ説明会	5月～毎週土曜	14:00	要	
	学校説明会	12月7日（土）	14:00	不	6年生
		1月12日（日）	10:00	不	6年生
◎多摩大学目黒	学校説明会	11月13日（水）	10:00	不	その後、見学会
	体験学習	11月23日（土）	10:00	要	あざみ野セミナーハウス
	学校説明会	12月7日（土）	10:00	不	その後、見学会
		1月10日（金）	10:00	不	その後、見学会
		1月10日（金）	19:00	不	その後、見学会

学校名	行事内容	開催日	開始時間	予約	備考
◎東京都立富士高等学校附属	授業公開	11月30日（土）	8:50	不	
	募集案内配布説明会	11月30日（土）	14:00	不	6年生
	授業公開	12月14日（土）	8:50	不	
		1月18日（土）	8:50	不	
◎東京都立三鷹	授業公開	11月16日（土）	8:40		
		11月30日（土）	8:40		
	学校説明会	11月30日（土）		不	
	授業公開	12月14日（土）	8:40		
		1月11日（土）	8:40		
		1月18日（土）	8:40		
◎東京都立南多摩	都立学校合同説明会	11月10日（日）	10:00	不	立川高校
	学校公開	11月16日（土）	8:40	不	
	応募説明会	11月30日（土）		不	6年生
	学校公開	12月16日（月）			
◎東京都立武蔵高等学校附属	都立学校合同説明会	11月10日（日）	10:00	不	立川高校
	授業公開	11月15日（金）	9:00	不	
		11月16日（土）	9:00	不	
		11月18日（月）	9:00	不	
	学校説明会	12月1日（日）		不	居住地域ごとに時間が異なります
◎東京都立両国高等学校附属	学校説明会	11月30日（土）			居住地域ごとに時間が異なります
◎東京農業大学第一高等学校	学校説明会	11月10日（日）	10:00	不	農大百周年講堂
	入試対策説明会	12月8日（日）	10:00	不	農大百周年講堂
		12月8日（日）	14:00	不	農大百周年講堂
	学校説明会	1月11日（土）	10:00	不	農大百周年講堂
◎東京農業大学第三高等学校附属	入試模擬体験	11月24日（日）	9:30	要	
	説明会	12月14日（土）	9:30	不	
◎東京立正	学校説明会	11月23日（土）	10:00	不	
	合唱コンクール	11月30日（土）		不	
	学校説明会	12月7日（土）	10:00	不	
	吹奏楽定期演奏会	12月25日（水）	18:00	要	練馬文化大ホール
	学校説明会	1月11日（土）	14:00	不	
		1月25日（土）	10:00	不	
□桐光学園	入試説明会	11月16日（土）	13:30		
	帰国生対象説明会	12月7日（土）	13:30		
◎東星学園	個別入試相談会	12月15日（日）	10:00	要	
		12月16日（月）	15:30	要	
		12月17日（火）	15:30	要	
		12月18日（水）	15:30	要	
	クリスマス会	12月21日（土）	9:30	要	
	入試体験会	1月11日（土）	13:30	要	
●桐朋	学校説明会	11月22日（月）	14:00	要	
◎東邦音楽大学附属東邦	音楽アドバイス	11月16日（土）	9:00	要	
	合唱コンクール	11月17日（日）	13:00	不	
	定期演奏会（ソロ）	11月27日（水）	13:00	不	
	音楽アドバイス	11月30日（土）	9:00	要	
		12月7日（土）	9:00	要	
	定期演奏会（合唱・合奏）	1月17日（金）	13:00	不	
○桐朋女子	学校説明会	11月16日（土）	14:00	要	
		12月7日（土）	14:00	要	
◎東邦大学付属東邦	学校見学会	11月30日（土）	10:00	要	
○東洋英和女学院	入試問題説明会	11月30日（土）	9:00	不	6年生
	クリスマス音楽会	12月14日（土）	13:00	不	
		12月14日（土）	15:00	不	
	学校説明会	12月26日（木）	10:00	要	6年生
●藤嶺学園藤沢	入試説明会	11月29日（金）	10:30		
	入試問題対策説明会	12月7日（土）	10:30		
	入試直前説明会	1月13日（月）	10:30		
○トキワ松学園	学校説明会	11月21日（木）	10:30	要	保護者
	入試体験教室	12月23日（月）	14:00	要	受験生（5、6年生）
	入試説明会	12月23日（月）	14:00	要	
		1月11日（土）	14:30	要	
	算数勉強教室	1月11日（土）	14:30	要	受験生（5、6年生）
	入試説明会	1月25日（土）	10:30	要	6年生
●獨協	学校説明会	11月10日（日）	13:30	不	
		11月24日（日）	10:00	不	
	入試直前説明会	12月22日（日）	10:00	不	
		12月22日（日）	11:30	不	
◎獨協埼玉	学校説明会	11月23日（土）	10:00	不	
		12月15日（日）	10:00	不	

ナ

◎長崎日本大学	入試説明会	11月10日（日）	10:00	不	
	中学生のためのデッサン講習会	11月10日（日）	10:00	不	
	入試個別相談会	11月23日（土）	9:30	不	
		12月8日（日）	9:30	不	

タ

学校名	行事内容	開催日	開始時間	予約	備考
東京家政学院	合唱祭	1月17日（金）	13:00	不	練馬文化センター
○東京家政大学附属	学校説明会	11月16日（土）	14:00	不	
		12月8日（日）	10:00	不	6年生
	入試体験	12月8日（日）	10:00	要	6年生
○東京家政大学附属	学校説明会	1月11日（土）	14:00	不	
	ミニ学校説明会	1月26日（日）	10:00	不	
◎東京学館浦安	公開授業	11月16日（土）	9:00	不	
	入試説明会	11月16日（土）	10:40	不	
	学校公開	12月16日（月）	9:00	要	
		12月17日（火）	9:00	要	
		12月18日（水）	9:00	要	
		12月19日（木）	9:00	要	
		12月20日（金）	9:00	要	
	入試説明会	1月11日（土）	10:00	要	
○東京純心女子	学校説明会	11月13日（水）	10:30	不	
	入試体験会	11月30日（土）	10:30	要	受験生（6年生）
	個別相談会	12月7日（土）	13:00	要	
	クリスマスページェント	12月22日（日）	10:00	要	
	適性検査型入試説明会	12月22日（日）	9:00	不	
	個別相談会	1月11日（土）	13:00	要	
○東京女学館	文化祭（記念祭）	11月10日（日）	9:00	不	公開
	学校説明会	11月16日（土）	10:00	要	6年生
		12月21日（土）	13:00	不	
○東京女子学院	TJGチャレンジⅠ	11月16日（土）	9:00		
	TJGチャレンジⅡ	12月7日（土）	9:00		
	個別相談会	12月25日（水）	9:00		
		12月26日（木）	9:00		
	TJGチャレンジⅢ	1月11日（土）	9:00		
○東京女子学園	体験入学	11月16日（土）	14:00	要	受験生
	学校説明会	11月16日（土）	14:00	不	
		11月29日（金）	10:00	不	
		11月29日（金）	19:00	不	
		12月14日（土）	10:00	不	
		12月14日（土）	14:00	不	
	入試対策勉強会	12月14日（土）	10:00	要	受験生
		12月14日（土）	14:00	要	受験生
	学校説明会	1月11日（土）	13:30	不	
		1月25日（土）	13:30	不	
◎東京成徳大学	学校説明会	11月17日（日）	10:30	不	
	出題傾向説明会	12月15日（日）	10:30	不	
		1月7日（火）	10:30	不	
	学校説明会	1月18日（土）	10:00	不	
◎東京成徳大学深谷	学校説明会	11月10日（日）	9:30	要	
		12月8日（日）	9:30	要	
◎東京大学教育学部附属	学校説明会	11月10日（日）	9:00	不	
		11月10日（日）	11:00	不	
	学校説明会（編入学希望者）	11月10日（日）	13:30	不	
◎東京電機大学	学校説明会	11月16日（土）	14:00	不	
	過去問題解説	12月14日（土）	10:00	要	5、6年生
◎東京都市大学等々力	入試説明会	11月23日（土）	10:00	要	
		12月22日（日）	10:00	要	
		1月13日（月）	10:00	要	
●東京都市大学附属	過去問チャレンジ＆入試説明会	11月17日（日）	10:00	要	
	土曜ミニ説明会	11月30日（土）	10:00	要	
		12月7日（土）	10:00	要	
	イブニング説明会	12月20日（金）	18:30	要	
	入試説明会	1月12日（日）	10:00	要	
	土曜ミニ説明会	1月18日（土）	10:00	要	
		1月25日（土）	10:00	要	
◎東京都立桜修館	授業公開週間（秋）	11月11日（月）		不	
		11月15日（金）		不	
	休日授業公開（秋）	11月16日（土）		不	
	入試説明会	11月30日（土）	9:00		
		11月30日（土）	11:00		
		12月1日（日）	9:00		
		12月1日（日）	11:00		
◎東京都立立川国際	都立学校合同説明会	11月10日（日）	10:00	不	立川高校
	学校説明会	11月23日（土）	10:00	不	6年生
		11月23日（土）	14:00	不	6年生
		12月14日（土）	14:00	不	4、5年生
		12月14日（土）	15:30	不	4、5年生
	個別相談	12月21日（土）	9:00	不	
◎東京都立白鷗高等学校附属	授業公開	11月16日（土）	10:30	不	
	願書配布説明会	11月30日（土）		不	
	授業公開	1月25日（土）	10:30	不	

これから行ける! 学校説明会

学校名	行事内容	開催日	開始時間	予約	備考
	学校説明会	12月8日(日)	11:00	不	
		1月11日(土)	13:00	不	
◎日出学園	入試説明会(一般)	12月7日(土)	13:00	不	
◎広尾学園	入試・学校説明会	11月17日(日)	9:30	要	
		12月21日(土)	9:30	要	
◯不二聖心	学校説明会	11月23日(土)	9:45	不	
	クリスマス・キャロル	12月17日(火)	10:30		
	クリスマス・チャリティセール	12月17日(火)	12:30		
◯富士見	学校説明会	11月16日(土)	10:30	要	保護者
		12月7日(土)	10:30	要	保護者
		1月11日(土)	10:30	要	保護者
		1月20日(月)	10:30	要	保護者
◯富士見丘	入試説明会	11月23日(土)	10:00	不	
	特別講座体験・個別相談	11月23日(土)	11:00	要	
	チャレンジ体験入試	12月7日(土)	13:00	要	受験生
	入試説明会	12月7日(土)	13:00	不	
		1月11日(土)	10:00	不	
	チャレンジ体験入試	1月11日(土)	10:00	要	受験生
◯藤村女子	予想問題解説会	11月17日(日)	8:30	要	受験生(6年生)
		11月17日(日)	13:00	要	受験生(6年生)
	学校説明会	12月7日(土)	14:00	不	
	個別相談会	1月5日(日)	9:00	要	6年生
●武相	入試に出る「理科実験・社会科教室」	11月17日(日)	9:30	要	
		11月17日(日)	13:00	要	
	学校説明会	12月1日(日)	9:10	不	保護者
		12月1日(日)	13:40	不	保護者
	入試説明会	12月3日(火)	10:00	不	保護者
	プレ入試にチャレンジ	12月14日(土)	8:30	要	6年生
	学校説明会	1月12日(日)	9:10	不	保護者
	入試説明会	1月13日(月)	10:00	不	
	夜の説明会	1月15日(水)	19:00	要	
◎武南	入試説明会	11月17日(日)	10:00	不	
		11月17日(日)	14:00	不	
	体験入試	11月23日(土)	8:30	要	6年生
		12月8日(日)	8:30	要	6年生
	入試説明会	12月15日(日)	10:00	不	
		12月15日(日)	14:00	不	
	体験入試	12月23日(月)	8:30	要	6年生
◯普連土学園	学校説明会	11月12日(火)	10:00	要	保護者
	生徒への質問会	11月16日(土)	10:00	要	
	学校説明会	11月19日(火)	10:00	要	保護者
	入試問題解説会	11月30日(土)	9:00	不	6年生
	生徒への質問会	12月7日(土)	10:00	不	5、6年生
	入試説明会	12月7日(土)	13:30	不	6年生
		1月11日(土)	10:00	不	6年生
◯文化学園大学杉並	見学会	11月16日(土)	14:00	不	
	入試説明会	11月27日(水)	10:00	不	
		12月15日(日)	10:00	不	
	A型入試説明会	12月15日(日)	14:00	不	
	見学会	12月21日(土)	14:00	不	
	入試体験会	1月11日(土)	14:00	要	
	見学会	1月18日(土)	14:00	不	
◯文華女子	入試体験会	11月24日(日)	10:00	不	5、6年生
	学校説明会	12月7日(土)	10:00	不	5、6年生
	「親と子の手作り講習」・個別相談	12月14日(土)	13:00	不	5、6年生
	個別相談	1月11日(土)	10:00	要	6年生
◯文京学院大学女子	ミニ説明会&授業見学	11月14日(木)	10:00	不	全学年対象
	体験!文京学院方式	11月17日(日)	10:00	要	受験生(6年生)
	一日文京生体験	11月23日(土)	10:00	要	全学年対象
	体験!文京学院方式	12月22日(日)	10:00	要	受験生(6年生)
	個別相談	1月14日(火)~30日(木)	9:00	要	
◎文教大学附属	ミニ説明会	11月27日(水)	11:00	不	
	学校説明会	11月30日(土)	14:00	不	
	ミニ説明会	12月5日(木)	11:00	不	
	入試模擬体験	12月14日(土)		要	
	入試問題対策説明会	1月11日(土)	10:30	要	
		1月11日(土)	13:30	要	
	ミニ説明会	1月15日(水)	11:00	不	
	授業公開デー	1月25日(土)	11:00	不	
◎法政大学	学校説明会	11月19日(火)	10:30	要	
	入試直前対策講習会	12月7日(土)	8:30	要	6年生
●法政大学第二	学校説明会	11月16日(土)	10:00	不	
◎宝仙学園理数インター	入試説明会	11月16日(土)	14:30	要	小4~小6体験学習併設

学校名	行事内容	開催日	開始時間	予約	備考
	中学生のためのデッサン講習会	12月8日(日)	10:00	不	
	入試個別相談会	12月21日(土)	9:30	不	
◎新島学園	入試相談会	11月16日(土)	10:00	要	
		11月30日(土)	10:00	要	
□西大和学園	入試説明会(男子中等部)	11月16日(土)	14:00	不	
◎二松学舎大学附属柏	学校説明会	11月23日(土)	10:00	不	
		12月7日(土)	14:00	不	
	ミニ説明会	12月14日(土)	10:00	不	
	個別相談会	12月21日(土)	10:00	不	柏そごう おしゃれサロン
	ミニ説明会	12月21日(土)	14:00	不	
	個別相談会	1月11日(土)	10:00	不	
◎新渡戸文化	入試説明会	11月16日(土)	14:00	不	
	公開授業	11月24日(日)	8:40	不	ランチ試食は要予約
	中学入試体験会	12月8日(日)	9:00	要	受験生(6年生)
	クリスマスイベント	12月15日(日)	10:00	要	小学生
	学校説明会	12月15日(日)	13:00	不	
	中学入試体験会	1月6日(月)	9:00	要	受験生(6年生)
●日本学園	理科実験&社会時事問題教室	11月23日(土)	10:00	要	6年生
	入試説明会	12月7日(土)	10:00	不	
		12月20日(金)	10:00	不	
	入試体験	1月12日(日)	8:30	要	6年生
◎日本工業大学駒場	学校説明会	11月10日(日)	14:00	不	
		11月24日(日)	14:00	不	
		12月7日(土)	14:00	不	
	個別相談会	12月14日(土)	13:00	不	
	プレテスト	12月22日(日)	9:00	要	
	学校説明会	1月12日(日)	14:00	不	
◯日本女子大学附属	入試説明会・学校説明会	11月16日(土)	14:00	不	
	親子天体観望会	12月7日(土)	17:00	要	
◎日本大学	学校説明会	11月30日(土)	9:30	不	
◎日本大学第一	学校説明会	11月24日(日)	10:00	要	
		11月24日(日)	14:00	要	
	個別相談会	12月7日(土)	14:00	要	
	学校見学会	12月26日(木)	10:00	要	
		12月26日(木)	14:00	要	
		12月27日(金)	10:00	要	
		12月27日(金)	14:00	要	
		12月28日(土)	10:00	要	
		12月28日(土)	14:00	要	
	中学入試直前相談会	1月11日(土)	14:00	要	
◎日本大学第三	入試説明会・学校説明会	11月30日(土)	13:45	不	
		1月11日(土)	13:45	不	
●日本大学豊山	体験授業	11月17日(日)	14:00	要	
	学校説明会	11月17日(日)	14:00	不	
		12月14日(土)	14:00	不	
		1月11日(土)	14:00		
◯日本大学豊山女子	学校説明会	11月23日(土)	10:00	不	
		12月7日(土)	10:00	不	
	ミニ説明会	1月11日(土)	10:00	不	
◎日本大学藤沢	入試説明会	11月30日(土)	10:00	不	
◯日本橋女学館	入試体験会	11月17日(日)	8:30	要	
	入試説明会	11月30日(土)	10:00	不	
	入試体験会	12月15日(日)	8:30	要	
		1月12日(月)	8:30	要	
	入試直前情報会	1月18日(土)	10:00	不	
ハ ◯函館白百合学園	学校説明会(関東地区)	11月24日(日)			
◎八王子学園	入試問題ガイダンス&説明会	11月23日(土)	10:00	要	
	保護者対象premium説明会	12月6日(金)	10:00	要	初来校の保護者
	入試模擬問題体験&説明会	12月15日(日)	10:00	要	
		12月15日(日)	13:00	要	
	保護者対象 直前説明会	1月14日(火)	16:00	要	保護者
		1月16日(木)	16:00	要	保護者
	入試問題ガイダンス&説明会	1月18日(土)	10:00	要	
	保護者対象 直前説明会	1月24日(金)	16:00	要	保護者
		1月28日(火)	16:00	要	保護者
		1月30日(木)	16:00	要	保護者
◎八王子実践	学校説明会	11月30日(土)	14:00		
◎日出	学校説明会	11月30日(土)	11:00	不	
	個別相談会	12月2日(月)~19日(木)	15:30	要	

学校名	行事内容	開催日	開始時間	予約	備考
	学校説明会	1月11日（土）	14:00	不	
	ハンドベル定期演奏会	1月24日（金）	19:00	不	中野ZERO ホール
◎明治大学付属中野八王子	オープンスクール	11月30日（土）	10:45	不	
	学校説明会	12月7日（土）	14:30	不	
	入試個別質問会	12月14日（土）	14:30	不	
◎明治大学付属明治	学校説明会	11月14日（木）	10:30	不	
	入試対策説明会	11月30日（土）	10:00	要	受験生（6年生）
		11月30日（土）	14:00	要	受験生（6年生）
◎明星	学校説明会	11月22日（金）	19:00	不	
		12月15日（日）	10:00	不	
◎明星	学校説明会・面接リハーサル	1月11日（土）	15:00	不	
●明法	入試傾向説明会（明法）	11月17日（日）	10:00		
	入試傾向説明会（明法GE）	11月17日（日）	13:00		
	入試体験会（明法）	12月15日（日）	9:00	要	受験生（6年生）
	入試体験会（明法GE）	12月15日（日）	13:00	要	受験生（6年生）
	学校説明会	1月25日（土）	10:00		
◎目黒学院	学校説明会	11月23日（土）	10:00	不	
		12月8日（日）	10:00	不	
		1月12日（日）	10:00	不	
○目黒星美学園	入試説明会	11月24日（日）	10:20	不	
		12月14日（土）	10:20	不	
	クリスマス会	12月21日（土）	14:00	不	
	入試体験	1月12日（日）	8:30	要	
	直前説明会	1月26日（日）	10:20	不	
◎目白研心	学校説明会	11月16日（土）	10:40	不	
		11月29日（土）	10:40	不	
	入試体験	12月15日（日）	8:30	要	
	学校説明会	1月11日（土）	14:00	不	
◎森村学園	学校説明会	11月15日（金）	10:30	不	
	入試問題解説会	12月1日（日）	14:00	要	6年生
	ミニ説明会	1月11日（土）	10:30		
ヤ ○八雲学園	学校説明会	11月24日（日）	10:30	不	
	英語祭	12月14日（土）		不	
	百人一首大会	12月20日（金）		不	
	学校説明会	12月21日（土）	10:30	不	
		1月9日（木）	10:30	不	
◎安田学園	入試体験	11月23日（土）	8:30	要	受験生
	学校説明会	11月23日（土）	8:30	不	
		12月22日（日）	9:00	不	
		1月11日（土）	14:30	不	
	入試直前対策	1月11日（土）	14:30	要	受験生
◎八千代松陰	入試説明会	11月10日（日）	10:00	不	
		11月23日（土）	10:00	不	
◎山手学院	入試説明会	11月16日（土）	10:00	不	
	ミニ説明会	12月7日（土）	10:00	要	6年生
		1月11日（土）	10:00	要	6年生
○山脇学園	入試説明会・学校説明会	11月16日（土）	8:45	要	
		12月7日（土）	8:45	要	
	ナイト入試説明会	12月18日（水）	18:00	要	
	学校説明会	1月11日（土）	8:45	要	
◎横須賀学院	水曜ミニ説明会	原則毎週水曜	10:00	要	
	合唱コンクール	11月16日（土）	10:00	要	
	学校説明会	12月14日（土）	10:30	不	
	入試問題体験会	12月14日（土）	10:30	要	受験生（6年生）
	ページェント	12月19日（木）	10:30	要	
	学校説明会	1月11日（土）	10:30	不	
	入試問題体験会	1月11日（土）	10:30	要	受験生（6年生）
●横浜	学校説明会	11月16日（土）	10:00		
	入試過去問体験会	12月21日（土）	10:00	要	受験生
	学校説明会	1月18日（土）	10:00	不	
		1月25日（土）	10:00	不	
○横浜英和女学院	土曜見学会	11月30日（土）	10:00	要	
	ナイト説明会	12月6日（土）	18:30	不	
	学校説明会	12月14日（土）	10:00	要	6年生
		1月11日（土）	10:00	不	6年生
◎横浜国立大学教育人間科学部附属横浜	学校説明会	11月23日（土）	10:00	不	
		11月23日（土）	13:30		
○横浜女学院	ミニ説明会	11月12日（火）	10:00	要	保護者
	学校説明会	11月16日（土）	10:00	要	6年生
	ミニ説明会	11月26日（火）	10:00	要	保護者
	ナイト説明会	11月29日（金）	18:30	要	
	ミニ説明会	12月3日（火）	10:00	要	保護者

学校名	行事内容	開催日	開始時間	予約	備考
	入試体験会	11月23日（土）	9:00	要	保護者対象個別相談併設
	選抜クラス説明会	12月1日（日）	10:30	要	
	公立一貫対応入試説明会	12月1日（日）	10:30	要	
ハ ◎宝仙学園理数インター	入試説明会	12月14日（土）	14:30	要	小4～小6体験学習併設
	入試POINT会	1月11日（土）	14:30	要	受験生対象時事ニュース講座1併設
		1月18日（土）	14:30	要	受験生対象時事ニュース講座2併設
◎星野学園	入試説明会	11月17日（日）	10:00	要	
		12月15日（日）	10:00	要	
●本郷	入試説明会	11月30日（土）	14:00	不	
	親子見学会	12月23日（月）	10:30	要	
		12月23日（月）	14:00	要	
◎本庄東高等学校附属	プチ相談会	11月16日（土）	14:00	要	6年生
		12月7日（土）	14:00	要	6年生
		12月22日（日）	14:00	要	6年生
○聖園女学院	過去問勉強会	11月17日（日）	9:30	不	受験生（6年生）
	学校説明会・体験入学	11月17日（日）	9:30	不	
	授業見学会	11月25日（月）	10:30	要	
	学校説明会・体験入学	12月14日（土）	9:30	不	
	クリスマスタブロ	12月21日（土）	14:00	要	
	授業見学会	1月17日（金）	10:30	要	受験生6年生
マ ○緑ヶ丘女子	入試説明会	11月23日（土）	10:00	不	
		11月30日（土）	10:00	不	
		11月30日（土）	14:00	不	
		12月7日（土）	10:00	不	
		12月7日（土）	14:00	不	
		1月18日（土）	10:30	不	
◎宮崎日本大学	文化祭	11月24日（日）	9:00	不	公開　佐土原総合文化センター
	オープンキャンパス	12月8日（日）	10:00	要	
◎明星学園	入試説明会	12月7日（土）	14:00	要	
		1月11日（土）	14:00	要	
○三輪田学園	学校説明会	11月16日（土）	12:30	不	
		12月4日（水）	10:00	不	保護者
	校長と入試問題にチャレンジ	12月7日（土）	10:00	要	受験生（6年生）
		12月21日（土）	10:00	要	受験生（6年生）
	直前説明会	12月23日（月）	10:00	不	6年生
		1月11日（土）	10:00	不	6年生
	ミニ説明会	1月14日（火）	10:00	要	保護者
●武蔵	学校説明会	11月16日（土）	13:30	要	保護者
◎武蔵野	入試説明会	11月23日（土）	10:30	要	
		12月5日（木）	10:30	要	
	入試模擬体験	12月14日（土）	10:30	要	
	書き初め・書道教室	12月26日（木）	10:30	要	受験生
	入試説明会	1月11日（土）	10:30	要	
○武蔵野女子学院	初めてのMJ	11月14日（木）	14:00	要	初めてご来校の方
	MJオープンスクール	11月16日（土）	10:00	不	
	体験入学＆入試問題解説授業	11月23日（土）	10:00	不	
	初めてのMJ	12月6日（金）	14:00	要	初めてご来校の方
	MJ入試のポイント	12月22日（日）	10:00	不	
	初めてのMJ	1月11日（土）	10:00	要	初めてご来校の方
		1月26日（日）	10:00	要	初めてご来校の方
◎武蔵野東	文化祭（学園祭）	11月10日（日）	10:00	不	
	スクールツアー	11月13日（水）	16:00	要	4－6年生
	学校説明会	11月21日（木）	10:00	不	
	入試問題解説講座	12月7日（土）	9:00	要	6年生
	スクールツアー	12月11日（水）	16:00	要	4－6年生
	学校説明会	12月13日（金）	10:00	不	
	スクールツアー	12月18日（水）	16:00	要	4－6年生
	入試問題解説講座	1月11日（土）	9:00	要	6年生
	学校説明会	1月11日（土）	10:00	不	
○村田女子	オープンスクール・体験授業	11月10日（日）	10:30	要	
	入試問題解説会	12月7日（土）	10:00	要	
		12月14日（土）	10:00	要	
	個別相談会	12月21日（土）	11:00	要	
	入試直前ここがポイント	1月11日（土）	10:00	要	
	個別相談会	1月18日（土）	11:00	要	
		1月25日（土）	11:00	要	
◎明治学院	学校説明会	11月27日（水）	10:30	不	
	クリスマスの集い	12月20日（金）	15:00	不	

これから行ける！ 学校説明会

学校名	行事内容	開催日	開始時間	予約	備考
	学校説明会	12月14日（土）	10:00	要	
		1月11日（土）	8:30	要	6年生
◎横浜翠陵	ミニ説明会	1月24日（金）	10:00	要	保護者
◎横浜創英	学校説明会	12月15日（日）	9:00	要	
		1月11日（土）	10:00	要	
◎横浜隼人	入試説明会	11月16日（土）	13:30	不	
		12月14日（土）	10:00	要	6年生
		1月25日（土）	10:00	不	
○横浜富士見丘学園	学校説明会	11月16日（土）	10:00	不	
		12月7日（土）	10:00	不	
		1月6日（月）	10:00	不	
		1月16日（木）	10:00	不	
○横浜雙葉	土曜日学校案内	11月30日（土）	9:00	要	6年生
		11月30日（土）	10:00	要	6年生
		11月30日（土）	11:00	要	6年生
		12月14日（土）	9:00	要	6年生
		12月14日（土）	10:00	要	6年生
		12月14日（土）	11:00	要	6年生
ラ ●立教池袋	学校説明会	11月12日（火）	14:30	不	保護者
○立教女学院	学校説明会	11月16日（土）	13:00	要	5、6年生
	クリスマス礼拝	12月14日（土）	11:00	要	5、6年生
●立教新座	学校説明会	11月17日（日）	9:30	不	
		11月17日（日）	11:30	不	
◎立正大学付属立正	学校説明会	12月7日（土）	14:00	不	
	第2回 入試問題解説会	12月15日（日）	10:00	不	
	学校説明会	1月11日（土）	14:00	不	
◎麗澤	学校説明会	12月7日（日）	10:30	不	
		12月15日（日）	10:30	不	
ワ ◎和光	和光教研	11月17日（日）	9:00	要	
	入試説明会④	11月23日（土）	10:00	不	
	個別相談会	11月23日（土）	10:00	不	
	入試説明会⑤	12月14日（土）	13:30	不	
	個別相談会	12月14日（土）	13:30	不	
	入試説明会⑥	1月11日（土）	13:30	不	
	公開授業	1月11日（土）	13:30	不	
◎早稲田佐賀	入試説明会	12月1日（日）	10:00	要	早稲田大学11号館5階
		12月1日（日）	13:30	要	早稲田大学11号館5階
●早稲田大学高等学院	学校説明会	11月17日（日）	11:00	不	早稲田大学大隈講堂
○和洋九段女子	ミニ説明会	11月14日（木）	10:00	要	
	入試対策説明会社・理	11月30日（土）	10:00	要	
	入試対策説明会国・算	12月7日（土）	10:00	要	
	プレテスト	12月22日（日）	8:40	要	6年生
	ミニ説明会	1月11日（土）	10:00	要	
○和洋国府台女子	学校説明会	12月7日（土）	10:30	不	
		1月11日（土）	10:30	不	

※日程や時間などは変更になる場合もございます。おでかけの際にはかならず各中学校にご確認ください。

学校説明会のチェックポイント

①交通の便　電車やバスの時刻表、乗り継ぎの良し悪し。
②施設　校舎や教室、図書館、自習室、体育館や武道館、部室、ロッカー、トイレ、更衣室、食堂の充実度。
③校風　教育理念・目標、生徒の面倒見はどうか。校則は厳しいのか、学力養成のほか生活指導も充実しているか。
④在校生のようす　活発か、あいさつのようす、先生との距離、持ち物や服装を観察。そんな生徒とわが子の相性は?
⑤授業時間と教育内容　日々の課題や予習の量、授業時間、始業・終業時刻、時間割、部活動の時間制限なども重要。
⑥補習や土曜授業の有無　補習の実際、土曜日の活用。大学受験時の進学対策の有無、そのときに通塾は必要か。
⑦部活動や行事　部活動に力を入れているか、興味のある部活動があるか、設備は充実しているか。学校行事では文化祭、体育祭のようすや修学旅行先（国内、海外、その費用）、合唱祭、鑑賞会などの規模と生徒の関わりなども。
⑧卒業生の進路　大学への合格者数、進学者数の実際。

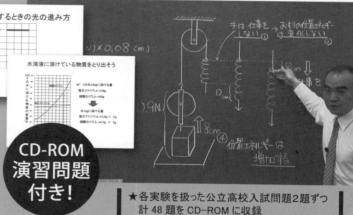

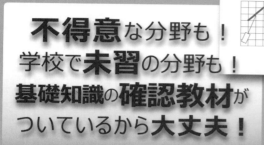

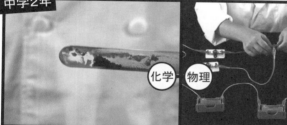

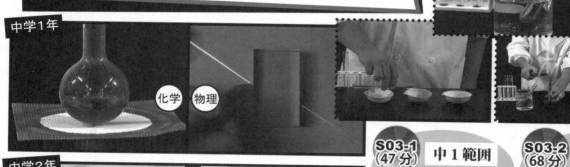

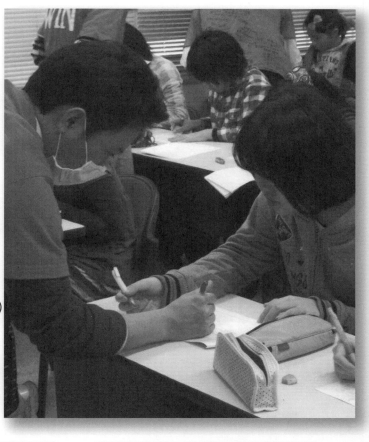

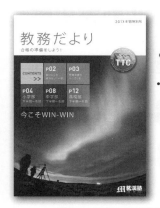

中学受験 合格アプローチ 2014年度版

入試直前　必勝ガイド

あとがき

いよいよ入試が近づきました。まさに正念場のこの時期、保護者のみなさまにとっても胃の痛むような日々ではないでしょうか。

この本は、そんな保護者、受験生のために「入試直前期」にスポットをあてて編集されました。

これまで、一生懸命中学受験に向かって勉強に取り組んできた受験生を見守ってきたお父さま、お母さまなら、だれもが「合格」を手にしたいのは当たり前。神にも祈りたいといった心境でしょう。

でも、ほんとうの「ゴール」はもっとさきにあるはずです。

そのことに思いを馳せることができる保護者のかたは、お子さまにも余裕を持って接することができるでしょう。

あたたかい笑顔での言葉がけが、どんなにお子さまを勇気づけるかわかりません。これからの時期はお子さまに「安心感」を与えつづけることが大切です。どうか、家族みんながおおらかな気持ちで、肩を組んでゴールへと飛びこんでください。

「中学受験」をつうじ、お子さまにもご両親にも、すばらしい成果がもたらされることを願ってやみません。

『合格アプローチ』編集部

営業部よりご案内

『合格アプローチ』は首都圏有名書店にてお買い求めになれます。

万が一、書店店頭に見あたらない場合には、書店にてご注文のうえ、お取り寄せいただくか、弊社営業部までご注文ください。ホームページでも注文できます。送料は弊社負担にてお送りいたします。代金は、同封いたします振込用紙で郵便局よりご納入ください。（郵便振替 00140-8-36677）

ご投稿・ご注文・お問合せは

株式会社グローバル教育出版

【所在地】〒101-0047
東京都千代田区内神田2-4-2 グローバルビル

【電話番号】03-3253-5944《合格しよう》(代)

【FAX番号】03-3253-5945

URL:http://www.g-ap.com
e-mail:gokaku@g-ap.com

合格アプローチ　2014年度版
中学受験直前対策号
入試直前　必勝ガイド

2013年11月12日初版第一刷発行

定価：本体 1,000 円 + 税

●発行所／株式会社グローバル教育出版
〒101-0047 東京都千代田区内神田2-4-2 グローバルビル
電話 03-3253-5944（代）　FAX 03-3253-5945
http://www.g-ap.com　郵便振替 00140-8-36677